헛수고의 심리학

假努力: 方向不对，一切白费
ISBN: 9787115638434

헛수고의 심리학

화양 지음
하은지 옮김

노력을
실패로
만드는 17가지 착각

파인북

노력하지 않는 사람보다 더 무서운 건
허투루 노력하는 사람이다

누구보다 열심히 사는데도 삶에 자꾸 '배신'당하진 않는가? 다른 사람보다 일찍 일어나고 늦게 잠자리에 들었지만 성적은 오르지 않고, 누구보다 자기 관리를 철저히 했는데도 결국 돌아오는 건 비난과 소외감, 형편없는 대인 관계였다면? 원대한 목표를 세워 놓고 미친 듯 달려왔는데 돌아보니 엉뚱한 길로 너무 멀리 와 버렸다면? 그런 당신에게 "넌 아무런 노력도 하지 않았어."라는 비난의 화살이 날아든다면? 노력하면 할수록 뭔가 잘못되었다는 느낌이 드는 이유는 뭘까?

인간관계도 예외가 아니다. 어떻게든 상대의 비위를 맞춰 가며 그 사람이 원하는 건 다 들어줬는데 사소한 실수 하나로 고작 돌아온 결과가 무자비한 돌팔매질이라면? 상대에게 온 관심과 정성을 쏟았는데 여전히 당신을 질책하고 나무란다면? '평생의 반려자'를 찾아 이리 기웃 저리 기웃거렸지만 끝내 아무도 나타나지 않는다면? 그런 당신을 가리켜 교양도, 지조도 없는 사람이라는 소문이 돈다면 어떨까?

평생을 필사적으로 노력하며 산 당신 앞에 자꾸만 그런 현실이 펼쳐진다면 아무리 긍정적인 사람이라도 위축될 수밖에 없다. 자괴감이 더해질 것이고 무언가를 시작하기 전에 자꾸만 멈칫하게 될 것이다. 문제를 해결하려고 노력하는데 자꾸만 늘어나는 문제를 보며 하늘이, 인생이, 인간이 원망스러워질지 모른다.

이 책은 그런 억울함으로 지친 독자들에게 바치는 책이다. 노력과 결과가 반대로 흘러가는 이상한 이유를 짚어 보는 책이다.

노력하는 게 잘못됐다는 말이 아니다. 노력하는 당신을 비난하려는 건 더더욱 아니다. 다만 그 노력의 방향을 함께 짚어 보는 시간을 가져 보려는 것이다. '남원북철南轅北轍'이라는 성어가 있다. 남쪽으로 가고자 하면서 수레는 북쪽으로 몬다는 뜻으로 행동과 의도가 일치하지 않음을 일컫는 말이다.

이를테면 이런 것이다. 당신은 자기 관리에 매우 신경 쓰는 사람이다. 오늘 직장에서 아무리 피곤했을지라도 무조건 12시까지 정해 놓은 공부를 마쳐야만 잠자리에 들 수 있다. 잠깐이라도 쉬는 자신을 용서할 수 없고 하릴없이 시간 때우는 걸 용납하지 못한다. 그런데 간과한 것이 하나 있다. 자기 관리의 가장 기본이면서도 중요한 요소는 바로 편안하고 안정적인 심리적 '공간'을 확보하는 것이다.

8

그러지 않고서야 제아무리 강인한 사람도 지칠 수밖에 없다. 우리의 육체적, 정신적 에너지는 제한적이기 때문이다.

지독한 자기 비하와 끝없이 추락하는 열등감에서 벗어나고픈 당신에게 지금 필요한 건 무엇일까? 바로 '자기 긍정'이다. 타인의 평가나 지금 처한 환경, 현실에 상관없이 나를 수용하고 사랑해 주는 것이다. 그런데 당신의 모습은 지금 어떤가? 수많은 자격증 시험으로 자기 능력을 증명하려 애쓰고 있지 않은가? 남들의 비위를 맞추며 인정과 사랑을 얻어 내려 하지 않는가? 명문대를 졸업해야만, 남들에게 좋은 평가를 받아야만 내가 조금 괜찮은 사람처럼 느껴지는 것이 바로 '남원북철'이다.

노력하지 않는 것보다 더 무서운 게 바로 허투루 노력하는 것이다. 그렇게 많이 노력했음에도 생각만큼의 결과나 보상을 얻지 못하는 이유가 바로 여기 있다. 부디 이 책을 통해 당신이 '의미 있는' 노력을 할 수 있기를, 그 노력이 열매를 맺어 더는 삶에 배신감을 느끼지 않기를 진심으로 바란다. 노력하는 당신의 태도를 진심으로 존경한다. 이제 당신이 원하는 그 목표를 위해 '바른 노력'을 할 수 있기를, 그래서 남쪽으로 정확하게 수레를 몰아갈 수 있기를 기도한다.

저자 화양

차례

PART 1
우리가 노력에 자꾸만 배신당하는 이유

01 비효율의 늪에 빠진 당신에게
누구보다 열심히 노력하지만, 누구보다 결과는 안 좋은 이유

02 나를 소모하는 가짜 노력
의지력에 집착하면 할수록 무질서의 소용돌이에 휘말린다

PART 2
관계에 자꾸만 배신당하는 당신에게

PART 3
인지에 관한 당신의 깊은 오해

PART 1

우리가 노력에
자꾸만 배신당하는 이유

01

정말 열심히 하는 모습을
보여 줄 거야!

이렇게 노력하는 내 모습,
정말 감동적이야!

엥? 그렇게 열심히 했는데
왜 나아진 게 없지?

보여 주기 위한 노력이 아니라
노력을 통해 진정한 성장을 이뤄 내야 한다.
당신이 원하는 목표는 무엇인가?

의미 없는 노력은 이제 그만!
목표를 설정하고 바른길로 나아가라.

비효율의 늪에 빠진 당신에게

누구보다 열심히 노력하지만,
누구보다 결과는 안 좋은 이유

저는 부지런함에 있어 둘째가라면 서러운 사람입니다. 대학 시절에는 새벽 5시면 어김없이 눈을 뜨고 일어나 영어 공부를 했는데 그 바람에 친구들의 눈총과 부러움을 한 몸에 받기도 했어요. 수업 내용 필기도 거의 완벽했습니다. 정갈한 글씨체며 꼼꼼한 내용 정리 덕분에 같은 과 친구들이 너도나도 제 노트를 빌려 제본할 정도였으니까요. 한번 도서관에 들어가면 문을 닫기 전까지 절대 나오는 법이 없었고, 기숙사 소등이 이뤄진 후에도 책상을 복도로 끌고 나와 두어 시간을 더 공부하다 잠들었어요. 오죽하면 학교에서 저를 모르면 간첩이라고 할 정도였을까요. 저는 말 그대로 소문난 '공붓벌레'였습니다.

"노력한 만큼 보상이 따른다." 저는 이 말을 철석같이 믿고 살았어요. 그도 그럴 것이 학창 시절에는 그래도 공부한 만큼 성적이 따라 주었거든요. 늘 상위권의 성적을 유지했고 남부럽지 않은 대학에 들어간 것만으로 제 노력에 대한 충분한 보상을 받았다고 생각했죠. 그런데 N이라는 친구를 만난 뒤로 그 생각이 바뀌기 시작했습니다.

대학교 룸메이트로 만난 N은 좋은 아이였어요. 하지만 제 눈에는 다소 게으르고 열심히 노력하지 않는 모습이 많이 보였죠. 저는 그 아이가 도서관에 가는 걸 한 번도 본 적이 없어요. 수업이 끝나면 늘 방으로 돌아와 침대에 누워서 하릴없이 스마트폰으로 웹툰이나 웹소설을 보곤 했어요. 그러던 어느 날, 기말고사 후 아쉽게 성적 장학금을 받지 못해 분통을 터트리고 있는데 우연히 그 학기 1등 성적 장학금을 N이 받았다는 걸 알게 되었어요.

믿을 수 없었어요. 화가 치밀어 올랐어요. 어쩌면 그녀가 부정행위를 저질렀을지도 모른다는 어처구니없는 의심까지 들었죠.

졸업 후 회사에 들어가서도 저는 변함없이 누구보다 열심히 일했어요. 늘 가장 먼저 사무실에 도착해 불을 켰고 잦은 야근 요구에도 두말없이 임했어요. 그 덕에 동료들로부터 '유난스럽다'는 빈축을 사기도 했죠. 그렇게 건강도, 대인 관계도 돌보지 않고 앞만 보며 5년을 미친 듯이 달렸어요. 그러던 어느 날, 문득 뭔가 잘못됐다는 생각이 들었어요. 같은 연차의 동료들은 하나둘 승진을 하는

데 저만 계속 제자리걸음이었거든요.

누구보다 열심히 노력했는데 그만큼의 보상이 따라 주지 않자 하늘이 원망스러웠어요. 죽어라 앞만 보며 달려온 지난 세월이 덧없이 느껴졌어요. 앞으로 저는 어떻게 해야 할까요? 제 방식이 틀린 걸까요?

누구보다 열심인 당신,
어째서 늘 제자리걸음일까?

혹시 주변에 '공부하지 않고도 장학금을 받는 N'이나 '노력하지 않고도 승승장구하는 동료'들이 있나요? 저는 있습니다. 그것도 아주 많아요. 솔직히 처음에는 그런 사람들을 보면 화가 났어요. 누가 봐도 내가 그들보다 훨씬 더 열심히 사는데 번번이 행운은 나를 비켜 갔으니까요. 불공평한 하늘을 원망한 날도 많았어요.

그러다가 깨달았습니다. 남보다 일찍 일어나는 것만으로 장학금을 받을 수 있다면 세상에 새벽을 깨우는 '수탉'들은 죄다 억만장자가 되고도 남았을 거라는 사실을요. 결국 잘못된 '가짜 노력'이 문제였어요. 해가 뜨지도 않은 컴컴한 새벽에 일어나 열심히 공부했는데 생각만큼 좋은 결과를 얻지 못한 이유이기도 하죠.

일단 '노력'이라고 하면 조금 거창한 옷을 입게 됩니다. 노력하겠다고 말한 그 순간부터 우리는 '보여 주기' 식의 삶을 살게 될 위험이 크거든요. 예컨대 남들 다 자는 새벽에 일어나 영어 공부를 한다든가, 남들은 다 영화 보고 데이트하러 갈 때 회사에 남아 보고서 쓰는 일들 말이에요. 이렇게 하면 정말 열심히 노력하며 사는 사람으로 보이잖아요? 뭐 남들은 차치하고서라도 일단 나 스스로도 뿌듯하고 감동적이죠. 거기에 선생님이나 상사의 한마디, 가령 '역시 넌 부지런하구나'라든가 '자네 정말 수고가 많네'라는 말이 더해지면 그 뿌듯함은 하늘을 찌릅니다. 원래 노력이라는 건 나 자신의 성장을 위해 해야 하는 거거든요. 그런데 그것보다 남에게 보여 주는 '쇼잉'의 개념이 더 커지는 겁니다. 그리고 그걸 성장이라고 착각하는 거예요.

잘 생각해 봅시다. 열심히 애쓰고 노력했는데 그만큼 효율이 나오지 않는다면 두말할 것 없이 당신은 '보여 주기' 식의 가짜 노력을 하고 있는 거예요. 물론 매일 새벽에 일어나 영어 공부를 하는 건 쉽지 않은 일이에요. 하지만 공부의 목적을 잘 살펴보자고요. 매일 1시간 공부 시간을 채우는 게 목표인가요? 아니면 원어민처럼 말하는 게 목표인가요? 매일 6시부터 7시까지 영어를 공부하는데 틀린 발음으로 잘못된 문장을 달달 외운다? 그건 그냥 매일 새벽 체력과 시간을 낭비하는 일과 다르지 않아요. 직장에서도 마찬가지예요. 나를 계발하고 성장할 기회를 잡지 않고 오로지 상사에게 잘보이는 데만 혈안이 되어 있으면 안 돼요. 그걸 노력했다고 착각한다면 그저 아침저녁으로 출퇴근 카드만 찍으면서 매일 시간 때우기 하는 것과 별반 다를 게 없어요.

물론 반복의 힘은 위대합니다. 그러나 문제를 정확히 알고 반복하는 것과 아닌 것은 천지 차이예요. 많은 경우 그저 '노력'하는 것에만 집중한 채 무엇을 위해, 정확히 어떤 노력을 해야 하는지 모르거든요. 그러다 보니 몇 년을 주야장천 영어를 공부했지만, 막상 외국인 앞에서는 입도 뻥긋 못 하는 벙어리 신세를 면치 못하는 거예요. 노래의 전체 멜로디나 느낌을 들어 보지도 않고 당장 악보에 그려진 음표 하나하나를 피아노 건반으로 두들겨대는 것과 마찬가지죠. 그러면 연주는 연주대로 엉망이 되어 버리고 효율도 나지 않아요.

'노력하는 상태'를 유지하면서 효율도 챙기고 싶은 마음에 문제가 생겼을 때 그걸 처리하고 해결하기보다는 아예 회피하는 사람도 있어요. 쉽게 말하면 이런 거죠. 수학 문제를 풀다가 모르는 문제가 나오면 그걸 풀 수 있을 때까지 고민하고 틀리더라도 다시 해 봐야 해요. 시간이 조금 걸리더라도요. 그래야 내 것이 되거든요. 그런데 그걸 시간 낭비라고 생각해서 바로 해답지를 보는 거예요. 어쨌거나 지금 당장은 '노력하는 상태'를 유지하는 게 중요하니까요. 영어 공부를 하다가도 어려운 문장이 나오면 입에 붙을 때까지 연습하는 게 아니라 다른 문장으로 은근슬쩍 넘어가 버려요. 사실 그렇게 해도 사람들은 모르거든요. 그래서 겉으로 보이는 '노력의 상태'는 유지하는데 막상 문제 앞에서 진정으로 배우고 성장할 기회를 놓치는 거예요. 그러니 보기에는 뭔가 많이 해낸 것 같은데 사실은 제자리걸음을 하는 셈이죠.

늘 남보다 노력하는데 결과는 남보다 못해 고민이라면 혹시 당신이 그런 사람은 아닌지 돌아봐야 해요. 열심히 했는데 그만큼 결과가 나오지 않는 것만큼 속상한 게 어디 있겠어요? 그렇지만 냉정하게 생각해 봅시다. 혹시 당신은 '쇼잉'을 위한 노력을 하고 있는 게 아닌지. 허울뿐인 '가짜 노력'이 당신의 소중한 시간과 체력을 갉아먹고 있다는 무서운 사실을 기억하세요.

목표를 '내재화'하고 '구체화'하라

1. 목표의 내재화

'자화자찬식'의 노력에서 벗어나 나를 성장시키는 목표 세우기

'가짜 노력'에서 벗어날 방법은 무엇일까요? 간단합니다. 목표를 '내재화'하는 겁니다. 보통 우리가 노력하는 자기 모습에 스스로 반해서 열심히 가짜 노력을 할 때도 나름의 목표는 있습니다. 가령 장학금을 받겠다든가, 승진하겠다든가, 성공하겠다는 것들이지요. 하지만 이러한 목표들의 공통점은 모두 '외재적 동기'에 기반한다는 점입니다. 본질적으로 그 목표의 동기가 외부에 있어서 열심히 해도 그만큼의 성과가 나오지 않거나 개인의 성장과는 관계없는 엉뚱한 노력을 하게 되는 것입니다.

그러므로 노력한 만큼의 결실을 거두고자 한다면 자신과 밀접하게 연관된, 내재적인 목표를 세우는 것이 무엇보다 중요합니다. 예를 들어 볼게요. 지금까지 당신은 무조건 새벽에 일어나 '영어 공부 1시간'을 채우는 게 목표였어요. 그렇지만 이제 그 목표를 '원어민과 똑같이 말하기'로 수정하는 거예요. 그러면 발음과 뉘앙스, 악센트 등을 원어민과 비슷한 수준으로 말하게 될 때까지 반복해서 연습하게 될 겁니다. 이렇게 당신의 목표가 '외재적'인 동기에서 '내재적'인 동기로 변하면 영어 실력은 자연스럽게 향상될 겁니다. 시간은 시간대로 쓰면서 계속 제자리걸음인 딜레마에서 벗어날 수 있을 거예요. 심리학자 안데르스 에릭슨의 저서 『1만 시간의 재발견』에는 '의식적인 연습'을 강조하는 대목에 이런 내용이 나옵니다. "본질적인 탁월함을 이뤄 내려면 목적의식 있는 연습이 필요하다."

2. 목표의 구체화

목표를 세분화하여 구체적으로 실천하기

그런데 문제가 있습니다. 많은 사람이 그렇게 열심히 노력하면서도 정작 자신이 진정으로 이루고자 하는 게 무엇인지, 내재화해야 하는 목표가 무엇인지는 잘 모른다는 점입니다. 심지어 어떤 목표를 정해야 한다는 것에 반감을 품는 경우도 있죠. 어릴 땐 학교에서 수업 계획이나 장래 희망을 정하라고 하더니 커서는 인생의 목표를 정하라고 한다면서요.

성공하고 싶어 하는 사람들은 수두룩하지만 정작 '성공'이 무엇이냐 물어보면 멀뚱멀뚱 다른 곳만 쳐다볼 뿐, 이렇다 할 대답을 내놓는 이는 없습니다. 물론 '가짜 노력'을 하는 사람 중에는 승진이나 장학금처럼 비교적 구체적인 목표를 지닌 사람들도 있어요. 그러나 막상 목표를 달성해도 크게 기쁘지 않죠. 상사에게 보여 주기 위해, 혹은 부모의 체면을 살려 주기 위해 노력한 경우가 많거든요.

사실 목표는 한 개인의 성장에 매우 큰 영향을 미칩니다. 목표라는 건 당신이 무엇을 얻어 내느냐와도 관련 있지만 어떤 사람이 되느냐와 밀접한 연관이 있기 때문이에요. 그러니까 목표는 구체적이어야 하고 그 목표를 실천하는 데 일종의 막중한 책임감을 느껴야 합니다.

구체적인 목표가 한 개인의 성장에 있어 중요한 이유가 뭘까요? 쉬운 예를 들어 볼게요. 점심시간은 밥을 먹는 시간입니다. 그런데 메뉴를 미리 정하지 않으면 허둥대기 마련이에요. '죽을 먹을까? 아냐, 금방 배고파질 거야. 햄버거 먹을까? 아냐, 너무 느끼해. 불고기를 먹을까? 아냐, 식당이 너무 멀어.' 뭘 먹을지 고민하다가 휴대폰으로 게임이나 한 판 하고 다시 생각해 보기로 합니다. 그 사이 식당에는 사람들이 들어차겠죠. 가까운 식당은 줄을 서야 하고 먼 식당은 택시를 타고 가야 하는데 차는 잡히지 않습니다. 어쩔 수 없이 가까우면서 사람들이 잘 안 가는 식당에 가서 맛없는 식사로 대충한 끼 때우고 나오는 거죠.

인생도 마찬가지예요. 성공해야겠다는 생각만 있고 구체적으로 어떻게 해야 할지 계획이 없으면 방향을 잡을 수 없어요. 마음의 동기도 생기지 않고요. 선생님이 되고 싶다고요? 임용고시에 도전하는 사람이 얼마나 많은데요. 경쟁률이 어마어마해요. 우주비행사가 되고 싶다고요? 지금 당장은 힘들지 않을까요? 머리도 복잡한데 그냥 게임이나 한 판 하자고요.

인생은 점심 메뉴 고르기처럼 단순하지 않습니다. 점심시간이야 딱 시간이 정해져 있으므로 억지로라도 메뉴를 고르게 되지만 인생은 그렇지 않아요. 왠지 남은 날이 길고 창창하다는 생각에 시간을 흥청망청 쓰게 되거든요. 그래 봤자 남는 건 어영부영 지나가 버린 세월이에요. 여기서 '게임'은 효율 없이 열정적으로 쏟아부은 가짜 노력으로도 대체할 수 있습니다. 어떤 사람이 될지, 무엇을 이루고자 하는지 구체적으로 생각해 보지도 않고 무조건 '노력'부터 하면 몸은 몸대로, 마음은 마음대로 지칩니다.

반대로 구체적인 목표를 세웠다고 가정해 봅시다. 100만 원을 모으는 것이든 10만 원을 모으는 것이든, 과학자가 되는 것이든 청소부가 되는 것이든 상관없습니다. 구체적이고 명확한 목표가 있으면 그것을 실천할 실마리를 부단히 찾으려 노력하게 되고 마침내 성공을 거두게 됩니다.

오늘 길에서 공병 100개를 줍기 전에는 집에 못 간다는 목표를 세웠다고 생각해 봅시다. 그러면 길바닥에 떨어진 공병만 눈에 불을 켜고 찾게 될 거예요. 100개까진 아니어도 최소한 10개는 주울 수 있을 겁니다. 그런데 구체적인 목표 없이 그저 '돈을 많이 벌자!'라는 모호한 꿈만 있으면 계속 주변을 흘끔거리기만 할 뿐, 정작 바로 옆에 떨어진 공병의 존재, 다시 말해 기회의 존재를 인식하지 못할 거예요. 결국 수많은 기회를 그냥 지나쳐 버리고 '공병' 하나도 제대로 줍지 못한 채 시간이 흘러 버리는 거죠.

명나라 관리이자 사상가 원요범이 자손을 위해 쓴 훈육서『요범사훈了凡四訓』에는 "운명을 바꾸고 꿈을 실현코자 한다면 신에게 자신의 소원을 구체적으로 말해야 한다"는 구절이 등장합니다. 그래야 신도 그를 기꺼이 도와준다는 건데요. 신이 정말 도움을 줄까요? 그건 저도 잘 모르겠어요. 그렇지만 확실한 건 신에게 나의 '소원'을 구체적으로 얘기할 때 우리 인생의 목표를 정확히 인식하게 된다는 겁니다. 그런 사람은 신이 도움의 손길을 뻗을 때 적극적으로 '협조'할 수 있으므로 끝내 원하는 성공과 기쁨을 맛보게 되는 것이죠.

그러니 시작하기에 앞서 먼저 나는 어떤 사람이 되고 싶은지, 내가 진정으로 원하는 건 무엇인지 정확히 짚고 넘어갑시다. '노력하는 내 모습'이 아닌 '목표'에 집중하세요. 그래야만 당신이 원하는 결과를 얻을 수 있을 거예요.

정리하기

가짜 노력의 잘못된 순환 고리

1. '보여 주기' 식 노력

나의 성장을 위한 노력이 아니라 '노력하는 사람'이라는 타이틀을 위해 노력한다. 이로써 심리적 위안을 얻으려고 한다.

2. 효율 없는 노력

자꾸 시간만 채우려는 생각 때문에 실질적인 성장은 하지 못한 채 허투루 노력한다.

구체적인 증상

익숙한 범위 안에서 잘못된 방법으로 반복하기 때문에 틀린 점을 수정하지 못한다.

구체적인 목표 없이 아무것도 못 하게 될까 봐 걱정되는 마음에 그저 맹목적으로 노력한다.

3. 의미 없는 반복

4. '노력 중시'로 인한 문제 회피

1. 목표의 내재화: '자화자찬식'의 노력에서 벗어나라.
   내재화된 목표를 세워라.
2. 목표의 구체화: '노력하는 내 모습'이 아닌 '목표'에 집중하라.

추천 도서

- 안데르스 에릭슨·로버트 풀, 『1만 시간의 재발견』, 강혜정, 비즈니스북스, 2016
- 원요범, 『요범사훈』

02

자, 오늘부터 공부 시작!

아…. 종일 책도 안 보고
왜 나는 맨날 작심삼일일까?

한심하다.
됐다. 때려치워!

우리에게 필요한 건 '노력'이지
완벽한 '자기 통제'가 아니다.
오늘 다 하지 못했다고 너무 자책할 필요는 없다.
마음을 다잡고 내일 다시 이어서 노력하면 된다.

당신 안의 잠재력을 믿어라.
자기 통제의 강박에서 벗어나라.

나를 소모하는 가짜 노력

의지력에 집착하면 할수록
무질서의 소용돌이에 휘말린다

2년 차 신입 사원입니다. 나름대로 열심히 공부해서 명문 대학 졸업 후 석사 학위까지 취득했지만, 입사 후에는 계속 잡일만 하는 것 같아 고민이 깊어지는 요즘입니다. 유명 연사가 기업 강연을 오는 날이면 저는 호텔을 예약하거나 하루 종일 따라다니며 의전을 해야 합니다. 중요한 회의가 있는 날에는 제가 회의실을 예약하고 다과를 준비하는 등 잡다한 일을 도맡아 하고 있죠. 뭔가 저를 성장시키거나 계발하는 것과는 거리가 있는 일을 하면서 시간을 낭비하는 것 같아 점점 회의감이 듭니다.

그러던 중에 친한 동료로부터 타 부서에서 팀원을 영입한다는 소식을 들었습니다. 워낙 평판이 좋은 부서라 커리어를 개발할 좋은 기회라는 생각이 들었습니다. 임금도 오르고요. 그래서 고민할 여지 없이 바로 신청서를 제출했습니다.

그날 바로 서점에 가서 테스트와 관련한 문제집을 몇 권 사고 인터넷 강의도 결제했어요. 당분간 헬스장은 가지 않기로 했습니다. 퇴근 후 공부만 해도 시간이 부족하니까요.

하지만 저는 이번에 제가 이렇게 의지력이 부족한 사람이란 걸 새삼 깨달았습니다. 원래 점심시간에는 간단하게 식사를 마치고 인터넷 강의를 들을 생각이었어요. 그런데 자꾸만 저녁까지 미루다가 그냥 잠들어 버리기 일쑤였습니다. 매일 적어도 문제집 한 페이지는 풀리라 다짐했건만 결국 며칠 못 가 포기했습니다. 가장 심각한 건 스마트폰을 손에서 놓지 못한다는 거였어요. 책상에 앉기만 하면 습관적으로 스마트폰을 봤어요. 공부에 너무 방해되는 것 같아서 책상 서랍 안에 넣어두고 열쇠로 잠그기까지 했는데 어떻게 된 일인지 조금 뒤에는 다시 손에 들려 있었죠. '잠깐만 봐야지'라는 생각으로 SNS를 돌아다니다 보면 금세 30분이 지나가 버렸어요.

이렇게 하찮은 의지력으로 대체 뭘 하겠단 건지 스스로가 너무 한심하게 느껴졌습니다. 그러니까 회사에서 2년이 되도록 그런 잡일만 하는 거라는 생각이 들더군요. 매일 풀던 문제집도 '어차피 시작해 봤자 3일을 못 넘길 것'이라는 생각에 아예 시작도 하기 싫더라고요. 완전히 무기력해진 것 같아요.

의지력은 새롭게 만들어 내는 것이 아니라, 자연스럽게 방출하는 것이다

모든 사람에겐 의지력이 있습니다. 승진을 앞둔 회사원이나 시험을 앞둔 수험생처럼 특별히 의지력이 필요한 사람들은 물론이고, 그저 평범한 일상을 살아가는 보통의 사람들도 마찬가지입니다. 의지력은 지극히 일상적인 생활에 꼭 필요한 요소거든요. 과식하지 않고 적당히 먹는 것, 규칙적인 운동으로 건강을 유지하는 것 등을 말하는 겁니다. 그래야 행복한 생활을 누릴 수 있으니까요.

그런데 이 의지력이라는 게 참 희한해요. '열심히 공부해야 한다!' 라는 생각을 하는 순간 갑자기 공부하기가 싫어지거든요. 자꾸만 뒤로 미루게 되죠. '반드시 승진해야 한다!'라는 생각을 하는 순간 이상하게 열심히 일하기 싫어져요. 스마트폰을 자꾸 만지작거리거나 잡생각을 하느라 할 일을 마무리 짓지 못하는 일이 일어나죠. '다이어트 시작!'이라는 생각을 하는 순간 먹고 싶은 음식이 마구 떠오르며 식욕을 억제하기 힘들어요. 다시 말해 의지력을 발휘하려고 하면 할수록 힘들어지는 거죠. 왜 그럴까요?

사실 의지력이라는 건 고생스럽게 어디서 쥐어 짜내는 게 아닙니다. 오히려 당신이 이미 가지고 있는 걸 적절하게 '방출하는' 거예요. 그러니까 의지력을 발휘하고 싶으면 먼저 '마음의 대역폭'을 충분히 확보해야 합니다. 한정적인 에너지를 정말로 필요한 행동이나 노력, 공부에 집중적으로 사용해야 하기 때문이죠.

그런데 의지력을 발휘해야 한다는 생각에 몰두하는 순간부터 대부분의 사람은 의지력을 발휘하는 그 행위 자체에 에너지를 쏟아붓는 거예요. 그러고는 계획대로 되지 않거나 조금만 의지가 무너지면 스스로 비난하고 자책하는 거죠. "나는 왜 이렇게 의지박약일까!" 하면서요. 그렇게 효율 없는 '가짜 노력'의 함정에 빠지는 겁니다.

지금 당신이 정말로 원하는 게 무엇인지 자세히 들여다보세요. 의지력을 높이는 건가요? 아니면 일련의 행위를 통해 원하는 목표를 성취하는 건가요? 이것은 당신이 어떤 '노력'을 하기에 앞서 우선 짚고 넘어가야 하는 중요한 부분이에요.

자, 그러면 위에서 말한 '마음의 대역폭'이 무엇인지 구체적으로 얘기해 볼게요. 이 '대역폭bandwidth'은 센딜 멀레이너선과 엘다 샤퍼가 쓴 『결핍의 경제학』에 등장하는 개념입니다. 책에서는 흥미로운 실험을 하나 소개하는데 바로 '가난이 가난을 끌어당기는 이유'에 관한 연구입니다. 결과에 따르면 가난한 사람들이 많은 경우, 현명한 결정을 내리지 못하는 이유는 특별히 그들의 지능이 낮거나 교육 수준이 낮아서가 아니라 삶 속에 산적한 고민과 번뇌, 일상적 문제 때문이라고 합니다. 즉, '대역폭'이 충분하지 않아서인 거죠.

쉽게 풀어 볼게요. 가난한 사람과 부자인 사람 모두 밥솥이 필요했습니다. 부자는 어려울 게 없습니다. 마트에 가서 마음에 드는 밥솥을 고른 뒤 결제하고 집으로 가져오면 그만이니까요. 이 일련의 과정은 그의 '마음의 대역폭'에 큰 영향을 주지 않습니다. 나머지 시간에는 집중해서 다른 업무를 처리할 수 있습니다.

그런데 가난한 사람은 어떨까요? 일단 그는 생각합니다. '밥솥을 사면 이번 달 월세가 또 밀릴 텐데 어쩌지? 그러면 집주인도 가만있지 않을 거야. 하지만 그를 탓할 수 없지. 내가 약속을 안 지킨 거니까. 그렇지만 저 오래된 밥솥은 이미 망가질 대로 망가져서 수리비가 더 나올 거야. 저게 없으면 앞으로 밥은 뭐로 지어 먹지?' 이러지도 저러지도 못하는 그의 '대역폭'은 이미 이 골치 아픈 일로 가득 차 버렸습니다. 다른 일을 돌아볼 마음의 여유가 없게 된 것이죠. 더 불행한 건 고민해야 할 일은 비단 이 '밥솥' 하나만이 아니라는 점입니다. 그러니 어떤 문제를 처리하고 해결해야 할 순간에 자꾸만 바보 같은 선택을 하게 되는 것입니다.

같은 이치입니다. 당신이 '의지력'에 지나치게 몰두하는 순간, 당신의 마음은 질서를 잃어버립니다. '대역폭'이 축소되고 도리어 의지력을 발휘할 수 없는 상태에 이르는 것이죠. 의지력을 발휘해야 한다는 그 생각 자체에 사로잡혀서 모든 에너지를 거기에만 쏟아붓는 거예요. 맛있는 밥을 차려 놓고 '나는 꼭 맛있게 먹어야 해. 반드시 맛있게 먹어야만 해.'라고 끊임없이 스스로 강요한다고 생각해 보세요. 체하지 않는 게 오히려 이상할 정도예요. 또 어쩌다가 본인이 세운 계획표를 다 실천하지 못하면 곧바로 스스로 자책하고 비난합니다. '내가 그러면 그렇지! 이럴 줄 알았다니까!' 이렇게 후회와 수치의 늪에 빠진 사람이 다른 일에 몰두할 심리적 여유가 없는건 당연합니다.

사람은 천성적으로 노는 걸 좋아합니다. 자제할 수 없는 것이 인간의 본성이에요. 더군다나 사람들은 보통 '계획표' 같은 걸 만들때 다소 빡빡하게 짜는 경향이 있어요. 기계도 적절한 시간마다 충전이 필요한데 하물며 사람은 어떻겠어요? 다시 말해 '의지력'에 지나치게 몰두하며 노력하려는 순간부터 당신은 어쩔 수 없이 의지력을 발휘하지 못하는 기막힌 이치로 들어가게 된다는 것입니다.

100보 전진을 위한 1보 후퇴

1. 계획을 전부 실행해야 한다는 강박에서 벗어나자

의지력은 어떻게 발휘해야 할까요? 분 단위로 세세하게 공부 계획을 짠 뒤 최대한 실행에 옮기는 것이 의지력일까요? 그런데 자칫 그 계획대로 살지 못하면 어쩌죠? 그러면 당신은 또다시 자책의 늪에 빠질 거예요. 아무래도 그건 '마음의 대역폭'을 관리하는 데 좋은 방법이 아닌 것 같습니다.

사실 의지력은 새로운 기술이나 능력을 터득해야 발휘할 수 있는 게 아닙니다. 그보다는 오히려 '내려놓는' 것에 가깝습니다. 가장 먼저 내려놓아야 할 것은 바로 강박과 집착입니다. 다시 말해 '무너질 수밖에 없는' 계획을 포기해야 한다는 뜻입니다. 예를 들어 봅시다.

06:00   기상 (무슨 일이 있어도 지키기)

06:00~06:20   아침 식사 (딱 20분 만에 끝내기)

06:30~10:00   공부 (휴대 전화 보지 않기, 딴짓하지 않기)

　　　　:

이런 식으로 밤까지 쉼 없는 계획을 종일 빽빽하게 세워 놓으면 아무리 자기 관리가 철저한 사람이라도 무너지게 되어 있어요. 계획은 세우되 가끔 지키지 못할 수도 있다고 생각하는 게 정상입니다. 그런데 본인이 세운 계획을 지키지 못할까 봐 전전긍긍하면서 그 와중에 휴대 전화라도 한 번 들여다보면 스스로를 쓸모없는 '쓰레기' 취급을 해 버리죠. 그렇게 깊은 자기 비하의 함정에 빠집니다.

그러니까 "나는 왜 이 모양일까?"라며 자책하지 말고 일단 두 가지를 먼저 생각해 보세요. 첫째, 당신이 진짜로 원하는 건 '노력하는 모습'인가요, 아니면 '자제하는 모습'인가요? 둘째, 당신을 지나치게 믿는 건 아닌가요?

가끔 의지력이 무너진다고 당신이 자제력을 아예 갖추지 못했다는 건 아니에요. 그건 아주 정상입니다. 다시 노력하면 그만이에요. 열심히 공부할 거라고 호언장담하고는 30분 동안 휴대 전화만 보고 있었다고요? 그러면 거기서 자신을 하찮은 '쓰레기' 취급할 게 아니라 일단 휴대 전화를 내려놓고 열심히 공부하면 되는 거예요. 자기를 비난하고 소모하기보다 앞으로 남은 시간을 더 알차게 쓰는 거죠. 어쨌거나 우리의 궁극적인 목표는 노력과 성장이지 의지력이 아니잖아요.

2. 마음속의 감독관 쫓아내기

계획을 빠짐없이 모두 실행해야 한다는 강박에서 벗어나면 갑자기 허전하고 허무할 겁니다. 뭘 위해 노력해야 하는지 잘 모르는 상황이 될 거예요. 듣기 거북한 말일 수도 있지만 그건 당신이 지금껏 '누군가에게 보여 줄' 가짜 계획을 따라 인생을 살아왔기 때문이에요. 내면에서 우러나오는 진정한 '내재적 동기'를 한 번도 경험해 본 적이 없는 거예요.

믿기 힘들 수 있겠지만 사람은 본래 '성장을 추구'하는 존재입니다. 누군가의 강요나 강제 없이도 자연스럽게 자신을 더 좋은 사람으로 성장시켜 더 행복한 삶을 영위하려는 존재가 인간이죠. 이런 생각을 한 번도 해 본 적 없다면 지금부터라도 늦지 않았어요.

이 주제로 설전을 벌이고 싶진 않아요. 물론 원한다면 이와 관련해 수많은 심리학자가 연구한 논문을 일일이 열거해 그 근거를 뒷받침할 수 있지만, 제가 여기서 말하고 싶은 건 하나예요. 당신을 향한 신뢰 그 자체가 당신을 '구해 줄' 거라는 사실입니다. 저는 제가 죽기 전까지 계속 성장해 나갈 거라는 걸 믿어요. 그래서 제 안에는 두 자아가 서로 충돌하며 싸우지 않아요. 한쪽에서는 '자기 관리를 못 하는 넌 실패한 루저야.'라고 말하고 또 다른 한쪽에서는 '괜찮아. 자기 관리 그까짓 거 못한다고 죽지 않아.'라고 말하며 내적 소모를 하지 않습니다.

수많은 심리 연구를 통해 알 수 있듯 내면의 동기를 따라 행동하는 사람은 그렇지 않은 사람보다 훨씬 높은 효율을 보입니다. 다시 말해 '나는 노력하는 내가 좋아'라는 생각이 '나는 반드시 노력해야 해'라는 생각보다 효율이 훨씬 높다는 것이죠. 이렇듯 내면에서 우러나오는 '의식적 노력'을 한 뒤에 맛보는 성취감은 달콤합니다. 비록 지금 당장은 결과가 눈에 보이지 않을지 몰라도 어제보다 한 걸음 더 나아간 자기 모습은 누구보다 자신이 제일 잘 알거든요. 이것이 내재적 동기를 만드는 방법입니다. 이 동기를 통해 자신을 더 신뢰할 수 있을 거예요. 더는 가짜 노력으로 자신을 소모하는 일이 없을 겁니다.

3. 마음을 편안하게 하면 의지력은 자연스럽게 올라간다

'마음의 대역폭'을 늘리는 것 또한 중요합니다. 가장 좋은 방법으로 운동을 추천합니다. 운동을 하면 정신이 맑아지고 마음이 차분해집니다. 명상도 좋은 방법이에요. 당신의 호흡에 10분 정도 고도의 집중력을 발휘해 보세요. 그러면 자연스레 정신이 집중되고 내적 소모가 사라지는 걸 경험하게 될 거예요. 자연 경관을 보며 산책을 즐기거나 따뜻한 물로 샤워하는 것도 좋아요. 잠시 스마트폰 전원을 끄고 사랑하는 가족, 혹은 당신이 좋아하는 반려동물과 시간을 보내 보세요.

아마 당신은 이것보다 더 좋은 방법을 많이 알고 있을지도 몰라요. 여기서 가장 중요한 건 의지력의 문을 여는 열쇠는 '의지력' 그 자체에 있지 않다는 거죠. 돈을 벌기 위해 악착같이 덤벼들었지만, 돈을 버는 열쇠는 항상 거기에 없는 것과 똑같아요. 재밌어서 심취했던 일이 자연스레 돈을 불러왔다고 말하는 부자들이 많은 이유예요. 힘을 빼고 한 걸음 뒤로 물러서면 더 좋은 아이디어가 훨씬 많이 떠오를 거예요.

"100보 전진을 위한 1보 후퇴"라는 말도 있잖아요. 마음을 편안하게 가져 보세요. 죽을 둥 살 둥 의지력을 발휘에 어떻게든 계획을 실천하려고 하는 것보다 훨씬 더 좋은 결과가 당신 앞에 펼쳐질 거라고 장담합니다.

정리하기

나를 소모하는 가짜 노력

구체적인 증상

1. 절제하려고 하면 할수록 어렵다.

2. 절제해야 한다는 생각에 사로잡혀 다른 것에 마음을 쓸 여유가 없다.

3. 절제하지 못하는 나를 보며 좌절하고 비난하기 때문에 끝없는 내적 소모가 일어난다.

솔루션 _ □ ×

1. 반드시 절제해야 한다는 강박에서 벗어나라. 절제하지 못하는 나를 예측하고 대비하라.
2. 내면의 '감독관'을 놓아 주어라. 내가 성장할 수 있게 공간을 마련하라.
3. 편안함과 자연스러움으로 절제를 실행하라.

추천 도서

- 센딜 멀레이너선·엘다 샤퍼, 『결핍의 경제학』, 이경식, 알에이치코리아, 2014
- 켈리 맥고니걸, 『왜 나는 항상 결심만 할까』, 신예경, 알키, 2012

03

나를 증명해야 해!
어떻게 증명하지?

다른 사람이랑
비교해야지!

LOSER
아! 저 사람은 죽어도 못 이겨.
나는 왜 이 모양일까?

WINNER
하하! 덤빌 테면 덤벼 보라고!
넌 나한테 안 돼!

늘 남과 비교하며 살아온 세월이 어느덧 수십 년.
그런데 왜 당신은 아직도 제자리일까?

자신을 증명하려 애쓰지 않아도 된다.
당신의 진정한 성장을 위해서만 노력하라.
타인에게서 시선을 거두고
당신 자신에게 집중하라.

나를 증명하기 위한 가짜 노력

우월함을 증명하려 할수록
커지는 자기 소모

　사람들은 저를 온순하고 다정한 사람이라고 해요. 그도 그럴 것이, 저는 살면서 크게 누군가와 다툰 적도 없고 특별히 제 걸 챙기기 위해서 큰소리를 낸 적이 없거든요. 하지만 그들이 진짜 제 모습을 알면 아마 깜짝 놀랄 거예요. 사실 저는 완벽주의자에 어떻게든 남들 앞에서 저를 증명해 내고 싶은 마음이 아주 크거든요.

　대학교 시절에는 정말 죽어라 공부만 했어요. 석사 학위를 따고 싶었거든요. 그러려면 성적을 상위권으로 유지해야 했어요. 하지만 4학년 때 성적 관리를 제대로 하지 못해서 석사 시험을 치르지 못했어요. 그땐 정말 충격이 컸죠. 제가 아무런 쓸모없는 사람 같았어요. '세상에 태어나서 대체 뭐 하는 건가. 다른 사람들은 알아서 제 갈 길 잘 찾아가는데. 나는 특별히 잘하는 것도 없고 석사 시험도 못 보고. 조금 더 열심히 할 걸. 더 악착같이 할 걸.' 하는 후회만 가득했죠. 석사 시험을 다시 준비하는 1년 내내 그런 생각에 사로잡혀 지낸 것 같아요. 그런데 시간이 가면 갈수록 점점 더 자신이 없어지더라고요. 그런 저에게 화도 났어요. 결국 1차 시험조차 통과하지 못해 면접을 보지도 못했죠.

그나마 다행이었던 건 그래도 글을 조금 쓸 줄 알았던 재주 하나에 기대서 괜찮은 회사에 들어갈 수 있었어요. 하지만 직장에 들어가고 나서 세상에 날고 기는 사람들이 얼마나 많은지 처절하게 깨달았죠. 한번은 젊은 신입 직원들을 대상으로 프레젠테이션 대회가 열렸어요. 거기서 어떻게든 제 실력을 입증하고 싶었는데 다들 어찌나 센스 있고 유머러스하게 잘하던지! 발표 하나 제대로 하지 못한 제가 너무도 한심하게 느껴져, 저 자신을 휴지통 속에 던져버리고 싶을 만큼 부끄러웠습니다.

그날 이후로 저는 직장에서 고개를 들고 다니지 못했어요. 언제나 남보다 못한 존재처럼 느껴졌거든요. 저에게 미래 같은 건 없다는 생각이 들었어요. 어려운 업무를 맡으면 어떻게든 해결해야 한다는 생각보다는 이내 포기하고 싶은 마음이 굴뚝같았어요. 손을 대 봤자 저는 못할 게 뻔했으니까요. 여기서 더는 못 버틸 것 같아요. 요즘은 하루 종일 구직 사이트를 전전하며 시간을 보내고 있어요.

본인의 우월함을 드러내려
애쓰는 사람들의 최후

사람은 누구나 자기를 드러내고 싶어 해요. 그러다가 뜻대로 잘
되지 않으면 좌절하기도 합니다. 누구나 그래요. 그런데 그럴 때 자
기를 비난하고 자책하는 건 좋은 방법이 아닙니다. 그 좌절을 딛고
일어서는 과정을 통해 나는 괜찮은 사람이라는 걸 인지하는 게 중
요합니다.

당신은 지금 전형적인 '자기 증명'을 위한 가짜 노력을 하고 있
어요. 물론 자신을 증명하고자 하는 건 잘못된 게 아닙니다. 지극히
정상적이고 아주 잘하는 일이에요. 그러나 당신의 자기 증명에는
문제가 있어요. 현재 자신이 처한 상황이나 결과를 남들과 계속 비
교하기 때문이죠. 내가 남보다 낫다는 생각이 들면 우월 의식을 느
끼고 남들을 깔보기 시작해요. 그런데 남이 나보다 낫다는 생각이
들면 하루아침에 자신이 이 세상에 하등 쓸모없는 존재처럼 느껴지
죠. 심지어 영원히 그들을 따라잡을 수 없을 거라는 생각에 괴로워
합니다.

안타깝지만 그건 당신이 한 번도 자신의 진정한 노력에 초점을 맞춰 보지 않아서예요. 다시 말해, 늘 남들과 자신을 비교만 했을 뿐, "지금보다 더 성장하려면 내가 어떤 노력을 해야 할까?"를 생각하지 않은 거죠. 그러니 자꾸 눈에 보이는 결과에 연연하고 아무리 노력해도 성에 차지 않는 겁니다.

미래를 생각하지 않은 채 그저 남보다 자신이 우월하다는 걸 어떻게든 증명하려는 가짜 노력은 당신을 지치게 만들어요. 그리고 한없이 원망하게 되죠. 과거를, 부모를, 타인을요.

타인과 자꾸만 나를 비교하며 나의 못난 점에만 초점을 맞추는 사람은 깊은 열패감을 느낍니다. 심각한 자기 부정의 늪에 빠져 버리죠. 하지만 세상에 자기가 진짜로 형편없기를 바라는 사람은 없습니다.

우월감을 상실한 아픔은 빨리 우리에게 다른 희생양을 찾도록 독촉해요. 가장 대표적인 게 바로 '과거'입니다. '지난날 내가 조금만 더 열심히 했더라면….' '진작에 이걸 알았더라면….' 그렇게 자꾸 과거에 머물러 한숨을 쉬죠. 그렇지만 우리는 이미 지나간 과거를 바꿀 수 없어요. 후회하면 할수록 당신은 얻는 것보다 잃는 게 더 많아질 거예요.

두 번째로 탓하게 되는 건 '부모'입니다. '이걸 진작에 알았더라면! 이게 다 우리 부모님이 알려 주지 않아서야. 심리학자들도 그러잖아. 문제 있는 애들은 결국 원가족에게 문제가 있어서 그런 거라고! 대체 나는 왜 이런 집에서 태어난 걸까?' 이런 식의 불만은 끝이 없습니다. 하지만 부모님을 탓한다고 당신의 인생이 바뀌는 건 아니에요.

세 번째로 탓하는 건 '타인'입니다. 왜 그러냐고요? 자신의 못난 부분을 솔직히 인정하는 것보다는 남이 너무 잘나서라고 원망하는 게 훨씬 쉬우니까요. 보통 이런 감정을 질투라고 하죠. 본인의 우월함을 증명하는 데만 혈안이 되어 성장하지 못하게 하는 가짜 노력은 마음마저 좁아지게 만듭니다. 질투의 이면에는 불안과 소유욕이 자리합니다. 내가 아무리 노력해도 다른 사람이 너무 잘나서 도저히 따라갈 수 없다는 강한 불안과 그것을 가지고 싶은 소유욕이 원망과 불만으로 표현되는 겁니다.

당신이 그토록 노력하는 이유는 본인이 다른 사람보다 못하다는 패배감을 견딜 수 없기 때문이에요. 그 패배감이 지독하게 괴로워서 결국 원인을 과거와 부모, 타인에게 돌리는 것이죠. 이런 식의 '남 탓'은 당신에게 무력감을 주고, 이 무력감에서 벗어나기 위해 또다시 남과 자신을 비교하며 어떻게든 본인을 증명해 내고자 가짜 노력을 하게 됩니다. 이 질긴 악순환의 고리 속에서 당신은 스스로 자책하고 비난하며 서서히 자신을 파괴합니다.

당신이 계속 남과 자신을 비교하며 '난 안돼'의 굴레에서 허둥대고 있을 때 다른 사람들은 모두 성장하기 위해 애쓰고 노력합니다. 그러니 시간이 지날수록 그들과의 차이는 자연스레 더 벌어지겠죠. 설령 지금 그들과 같은 출발선에 서 있을지라도 '나는 저들보다 못해'라는 혼자만의 생각이 시간이 지나면 '객관적인 사실'로 변해 자괴감은 더 커질 겁니다.

냉정하게 들리겠지만 '난 안돼'라는 말은 일종의 자기 예언이 되어 사실로 변하는 경우가 많습니다. 석사 시험에 떨어졌다고 매일 자기 비하에 빠져 있으면 공부에 집중할 수 없어 좋은 점수를 받지 못합니다. '난 안돼'라는 걸 스스로 증명하는 꼴이 되지요. 프레젠테이션에서 퍼포먼스가 좋지 않았다고 자괴의 늪에 빠져 있으면 새로운 도전에 감히 덤벼들지 못합니다. 결국 동료들과의 차이는 점점 더 벌어지고 마는 거죠. '난 최악이야'라는 자기 비하와 '난 안돼'라는 부정적 예언을 스스로 실천하는 셈입니다.

미래의 관점에서
현재의 나를 바라보기

1. 할 수 있음을 '증명'하지 말고 할 수 있을 때까지 '노력'하기

이제 어떻게 해야 할지 감이 잡히시나요? 간단해요. 당신이 할 수 있다는 걸 '증명'하려 애쓰지 말고 정말 잘할 수 있을 때까지 '노력'하는 거예요. 스탠퍼드대학의 캐럴 드웩 교수가 집필한 『마인드셋』에는 '성장형 사고방식'이라는 개념이 나옵니다. 여기에서 이 개념을 인용해서 '진짜 노력'과 '가짜 노력'이 무엇인지 설명해 보려고 해요.

'성장형 사고방식'이란 실패보다는 성공에 초점을 맞추며 새로운 것을 시도하는 사고방식을 지칭합니다. 그렇기에 현재 본인의 성적이나 업무 실적, 재산이나 직업을 다른 사람과 비교하면서 나르시시즘적 만족을 추구하지 않아요. 반대로 '고정형 사고방식'을 지닌 사람들은 사람의 능력과 재능은 타고났거나 고정되어 있다고 믿습니다. 즉, 사람의 재능이나 지식은 천부적이기 때문에 이를 바꾸거나 발전시키는 게 어렵다고 생각하죠. 그래서 우월감을 느끼기 위해 자신과 비슷한 상황이나 처지에 있는 사람들과 '수평적 비교'를 합니다.

하지만 '성장형 사고방식'을 지닌 사람들의 비교 대상은 오로지 과거의 자신입니다. 오늘의 내가 어제의 나보다 얼마나 성장했는지, 내일은 또 얼마나 좋아질 것인지와 같은 '수직적 비교'를 진행하죠. 그런 사람들은 지금 잠시 내가 남보다 못하다고 해서 열등감을 느끼지 않아요. 그러다 보니 열등감이 '자기 예언'으로 실현될 일이 없는 것이죠. 그래서 매우 겸손하고 다른 사람을 더 포용할 줄 알아요. 모든 사람은 지금보다 훨씬 더 좋은 사람이 될 잠재력을 지녔다는 걸 잘 아니까요. 그래서 사람들에게 함부로 '넌 안 돼'라는 꼬리표를 달지 않는 거예요.

초조와 불안, 열등감과 질투에서 벗어나 '진짜 노력'을 하게 되면 자연스럽게 스스로 질문하게 됩니다. '어떻게 하면 더 행복한 사람이 될 수 있을까?' 다시 말해 다른 사람과 자신을 끊임없이 비교하면서 스스로 증명하려 애쓰지 않고 진정한 성장을 위해 노력하게 된다는 뜻입니다.

2. 피해 의식에서 벗어나기

'성장형 사고방식'을 지녔다는 건 다른 말로 하면 '피해자 모드'에서 벗어났다는 의미입니다. 앞에서 말했던 것처럼 과거나 부모, 타인을 탓하는 것이 바로 전형적인 피해 의식입니다. 그들은 삶의 현실, 특히 해결해야 할 모든 문제를 전부 남의 탓으로 돌리고 자신은 '억울한 피해자'라고 주장합니다. 그렇게 하면 '내가 모든 걸 망쳤다'는 자책과 후회, 혹은 남들의 비난이나 질책으로 인한 고통에서 한 걸음 물러날 수 있다는 '장점'이 있지요.

하지만 피해자를 자처한다는 건 결국 본인에게 자신의 미래를 바꿀 능력이 없다는 걸 인정하는 것과 같습니다. 현실의 문제들을 모두 남의 탓으로 돌린다는 건 자신의 미래를 다른 사람의 결정과 판단에 넘겨 버리는 것과 같기 때문이죠. 이러한 마음가짐으로는 진짜 노력을 통해 자신의 삶을 원하는 방향으로 이끌어 가기 어렵습니다.

그래서 가장 시급한 일은 피해 의식에서 벗어나는 것입니다. 어떻게 해야 하냐고요? 간단합니다. 책임을 지는 겁니다. 현재 엉망으로 변해 버린 이 현실이 사실 나 스스로 자처한 것임을 인정해야 합니다. 더 쉽게 말해 볼까요? "내가 지금 대학 졸업을 못한 이유는 부모님이 내 전공을 잘못 선택해 줬기 때문이에요!"라는 평계를 그만둬야 한다는 겁니다. 물론 그 전공을 권한 건 부모님이지만 결국 그 결정을 따른 건 당신이잖아요. "내가 지금 이 모양 이 꼴로 사는 건 세상이 호락호락하지 않다는 걸 아무도 얘기해 주지 않았기 때문이야!"라고 말하지 마세요. 예전엔 몰랐지만, 지금은 알았잖아요.

물론 제가 이렇게 말하는 건 당신을 죄책감에 빠뜨리려는 게 아니에요. 어쨌든 당신이 만든 현실에 마땅한 책임을 져야 한다는 걸 얘기해 주고 싶은 거예요. 마음이 무거운 거 알아요. 하지만 이 책임을 회피하지 않아야만 비로소 중요한 인생의 진리 하나를 터득하게 될 거예요. 이 현실을 당신이 만든 것처럼 미래 역시 당신이 만들어갈 수 있다는 사실 말입니다.

책임을 회피하고 싶은 건 모든 사람이 다 똑같아요. 겉으로 말하지 않을 뿐, 실은 모든 사람이 은밀히 원하거든요. 그러나 기억하세요. 모든 성장은 책임을 지는 것에서부터 시작된다는 사실을 말입니다.

3. 미래의 관점에서 나를 바라보기

지금 당신이 말하는 자신의 상황, 가령 '난 쟤보다 못해.' '난 죽어도 안 될 거야.' 등과 같은 것은 사실 지금 당장 판단할 수 있는 게 아니에요. 시간을 조금 더 두고 지켜봐야 해요.

이번에는 승진하지 못했지만 이걸 계기로 각성해서 열심히 노력하면 5년 뒤에는 부서의 중요한 책임자가 될지도 모르잖아요? 그때 가서는 오히려 지금의 실패가 좋은 계기였다고 말할 거예요. 그런데 이번 일로 완전히 무너져 아무것도 하지 않으면 5년 뒤 정리해고 명단에 들어갈지도 몰라요. 지금의 '실패'가 인생 전체의 실패로 이어질지 아닐지는 온전히 당신 몫이에요.

앞으로 당신에게 어떤 일이 펼쳐질지는 아무도 몰라요. 그러니 너무 빨리 당신 인생에 정의를 내리지 마세요. '나는 실패했어.' '나는 죽어도 저 사람처럼 못 돼.'라는 부정적인 자기 예언을 거둬들이세요. 지금에 대한 정의는 시간이 지나 봐야만 내릴 수 있는 거예요.

그러니 더는 피해자처럼 행동하지 마세요. 나는 할 수 있다는 걸 증명해 내려 애쓰지 말고 정말로 할 수 있을 때까지 노력하고 또 노력하세요. 그 과정을 통해 당신은 보이지 않는 미래를 조금 더 구체적으로 만들 수 있을 거예요. '과연 내가 할 수 있을까?' 하는 자기 의심에 마침표를 찍을 수 있을 겁니다.

정리하기

나를 증명하려 애쓰는 가짜 노력

구체적인 증상

1. 단지 현재의 결과만으로 다른 사람과 나를 비교한다. 향후 노력해서 바꿀 수 있는 것들에 관심을 두지 않는다. 결국 타인과의 격차는 더 벌어지고 자괴감은 심해진다.
2. 문제가 발생하거나 실패하면 자기를 부정하며 그 원인을 과거나 부모, 타인에게 돌리려 한다. 심각한 무력감에 빠진다.

솔루션   _ □ ×

1. 나를 증명하려 애쓰지 말고 진짜 실력을 갖출 때까지 노력하라.
2. 피해 의식에서 벗어나라. 현재의 모든 상황은 나의 선택으로 인한 것임을 인정하라.
3. 미래의 시점에서 지금의 나를 관찰하라. 지금의 실패로 나를 정의하지 말라.

추천 도서

- 캐럴 드웩, 『마인드셋』, 김준수, 스몰빅라이프, 2023
- 빅터 프랭클, 『삶의 의미를 찾아서』, 이시형, 청아출판사, 2017

04

오늘부터 한 번 죽어라 달려 보자!

메시지?
답장할 시간 없음.

운동?
갈 시간 없음.

게임?
할 시간 없음.

여자 친구: 대체 왜 답장 안 해?
사랑이 식은 거야?
이럴 거면 헤어져!

의사: 젊을 때
건강 관리를 잘 하셔야죠.

우리는 평범한 인간이다.
하루아침에 세상을 놀라게 할 만한 능력을 갖출 수 없다.
계단을 하나씩 하나씩 착실히 올라가다 보면
어느새 꼭대기에 다다를 것이다.

바쁘게 하루를 살아 내는 것보다 더 중요한 건
마음을 관리하는 것이다.
그것이 바로 현명한 시간 관리의 비결이다.

충동적으로 하얗게 불태우는 가짜 노력

목표는 누구보다 '가혹하게',
포기는 누구보다 '빠르게'

살살 불어오는 봄바람에 마음이 들떠서 그랬는지, 아니면 창문 가득 쏟아지는 햇살에 기분이 좋아서 그랬는지 몰라도 그날은 그냥 뭘 해도 다 할 수 있을 것 같은 느낌이 들었습니다. 그래서 결심했죠. 전혀 다른 삶을 살아 보겠다고요. 새사람이 되어 보겠다고요.

다짐을 했으니 방향이 있어야 하잖아요? 목표도 정해야 하고요. 곰곰이 생각해 보니 뭔가 남들과는 다른 특별한 장기나 재주를 만드는 게 좋겠다는 마음이 들더군요. 누가 보면 '와! 부럽다!'는 말이 절로 튀어나올 그럴 특이하고도 특별한 재주요.

그래서 바로 서예 학원에 등록했습니다. 요즘 붓글씨 쓰는 사람은 많이 없잖아요. 일주일이 지났습니다. 어떻게 되었냐고요? 저는 붓으로 점 하나 찍는 게 그렇게 어려운 일인 줄 살면서 처음 알았습니다. 겨우 점 하나인데 먹의 농도와 붓을 쥐는 손의 강도, 종이에 붓을 찍고 손을 떼는 시간 등 뭘 그렇게 신경 써야 하는 게 많은지…. 금세 흥미가 떨어져서 결국 학원은 가는 둥 마는 둥 하다가 한 달이 지나 버렸습니다.

영어를 열심히 공부한 적도 있었어요. 특별히 저는 '영국식 영어'가 하고 싶었습니다. 잘 연습해 두었다가 나중에 회사에 외부 고객들이 왔을 때 실력을 뽐내면 얼마나 좋겠어요? 동료들 입이 쩍 벌어질 걸 생각하니 흥분되더군요. 한 달이 흘렀습니다. 어땠냐고요? 접객은커녕 저는 'bird'와 'board'조차 제대로 구분해서 발음하지 못했어요. 생각처럼 실력이 늘지 않자 이내 흥미가 떨어져 영어 공부도 결국 흐지부지 끝났습니다.

어쩌면 제가 '종목'을 잘못 골랐을지도 모른다는 생각이 들었어요. 마음을 다잡고 더 큰 것에 도전해 보기로 했습니다. 바로 석사 학위에 도전하기로 한 거죠. 경력에도 도움이 되고 지식도 쌓을 수 있잖아요.

일단 관련 전공 서적을 구매하고 인터넷 강의를 결제했습니다. 계획표도 빈틈없이 꼼꼼하게 짰어요. 그런데 이상했습니다. 목표를 세우기 전에는 그럭저럭 잘했는데, 구체적인 계획표를 세우고 나니 왠지 시간이 나를 기다려 주지 않을 거라는 일종의 압박감이 생기는 게 아니겠어요?

제 계획은 하루에 문제집 50페이지 풀기, 단어 200개 외우기, 인터넷 강의 5시간 수강하기였습니다. 그걸 완수하지 못하면 강한 패배감과 절망감에 휩싸였어요.

첫째 날은 꾸역꾸역 완수했지만, 이튿날엔 갑자기 회사 출장 일정이 잡혀 계획대로 실행하지 못했습니다. 걱정과 불안, 초조함이 엄습했어요. 셋째 날이 되자 여자 친구에게 연락이 왔습니다. 대체 요즘 뭐 하길래 메시지에 답장도 안 하고 연락도 안 되는 거냐고 하더군요. 그래서 석사 시험 준비 중이라 그런 거라고 해명했지만, 여자 친구는 사랑이 식었다며 서운해했어요.

이런 일이 겹치다 보니 결국 석사 시험을 준비해 보겠다던 야심 찬 계획은 작심삼일로 끝나고 말았습니다. 거금을 들여 산 문제집들은 지금 방 한구석에 처박혀 있어요.

역시 저라는 사람은 어쩔 수 없는 구제 불능인가 봅니다.

단번의 기적을 바라지 마세요

목표를 명확히 하면 방향을 잘 잡을 수는 있지만, 때로는 노력을 지속하기 어렵습니다. 빨리 그 목표를 실현하기 위해 단기간에 에너지를 불태우거든요.

먼저 심리적으로 조급해집니다. 감탄이 나올 만한 아름다운 붓글씨를 쓰려면 최소 몇 년에서 길게는 수십 년이 걸립니다. 단 한 글자인데도 말입니다. 아마 당신은 조금만 연습하면 책에 나오는 작품처럼 멋진 글자를 휘리릭 쓸 수 있으리라 생각했을 거예요. 그런데 점 하나 찍는 것만 일주일 내내 연습해도 제대로 되지 않자 이내 흥미가 사라졌어요. 더 배워 보고 싶다는 생각이 사라졌죠. 유려한 영어 실력도 하루아침에 쌓을 수 있는 게 아닙니다. 그런데 당신은 상사와 동료들 앞에서 하루빨리 실력을 뽐내고 싶었어요. 뜻대로 되지 않자 자신을 자책하며 중도에 포기해 버렸습니다.

지나친 기대를 품으면 비현실적인 계획을 세우고 화르르 불태우는 식의 노력을 하게 됩니다. '3개월 안에 명문대 석사생 합격!'이라는 목표를 세우면 그만큼 단기간에 엄청난 에너지를 쏟아야 합니다. 다른 사람은 1년 내내 준비한 시험공부를 석 달 안에 소화해야 하니까요. 그렇지만 이는 현실적으로 불가능합니다. 당연히 계획은 실패할 수밖에 없고 당신은 뒤따르는 패배감과 좌절감을 겪어야만 해요.

물론 매번 이렇게 비현실적인 계획만 세우는 건 아닐 거예요. 그러나 당신은 성격상 아무리 현실적인 계획을 세운다고 해도 그 안에 빽빽한 일정을 채워 넣을 겁니다. 그런데 직장에 다니거나 결혼을 한 사람들은 알아요. 살다 보면 예상하지 못했던 일들이 많이 일어납니다. 갑자기 출장을 가게 될 수도 있고 중요한 회의가 잡혀 급하게 보고서를 만들어야 할 수도 있어요. 부모님이나 자녀가 아플 수도 있고요. 그러니 당신의 빽빽한 계획은 당연히 100% 완수될 수 없습니다.

그런 자신에게 실망하고 좌절하다가 결국 호기롭게 세웠던 계획은 이내 물거품이 되어 버리죠. 학생들도 가끔 몸이 아프거나 속상한 일이 생기면 그날 계획했던 공부를 다 끝내지 못해요. 학교만 다니는 학생도 그런데 직장까지 다니는 당신은 어떻겠어요.

끝이 아니에요. 이렇게 가혹하다시피 계획을 세우고 불태우듯 노력하다 보면 중요한 것들을 간과하기 쉽습니다. 예를 들면 애인과 함께하는 소중한 시간이나 규칙적인 운동 시간, 혹은 수면 시간 등이에요. 서운해하는 애인을 달래는 데 쓰는 시간이 정작 데이트하는 시간보다 더 길어요. 심지어 서운한 마음을 잘 달래 주지 못해 이별하게 된다면 실연의 아픔까지 감당해야 하죠. 규칙적인 운동이나 수면 시간을 포기한 대가로 체력 저하 및 집중력 저하 문제를 겪다가 여기저기 통증이 나타나는 증상 때문에 병원을 찾게 되죠.

노력하지 않는 걸 두려워하지 말고 오히려 너무 많이 노력하는 걸 경계하세요. 자신에 대한 과도한 기대로 시작된 비현실적인 계획표 때문에 주변 사람들을 화나게 하고 자신에게도 화가 나잖아요. 그건 당신의 자신감과 자존감에도 영향을 줄 거예요. 자신감이 사라지고 나면 더는 노력할 힘이 없어집니다. 그러니 하얗게 불태우는 식의 가짜 노력을 자제하세요.

계획보다 더 중요한 것은
시간 관리 방법을 터득하는 것이다

1. 자기애적 환상에서 벗어나 합리적인 목표를 세우자

'서둘러 걸으면 도리어 도착하지 못한다無欲速, 欲速則不達''작은 걸음이 쌓여야 천 리를 갈 수 있다不積蹞步, 無以至千里'라는 옛말이 있습니다. 머리로는 끄덕이지만 진짜 그 의미를 이해하는 사람은 많이 없지요. 가장 큰 이유는 전능함을 갈망하는 '자기애' 때문입니다. 손가락 하나만 까닥여도 내가 원하는 대로 맞춰 주고 세상이 원하는 대로 돌아가던 신생아 시절의 심리와 같은 것이죠. 그래서 나의 부족함과 모자람을 인정하지 못하는 겁니다.

당신은 왜 하필 서예를 배우고 싶었을까요? 남들과는 다른, 특별한 재주를 통해 인정과 칭찬을 받고 싶었기 때문입니다. 한술 더 떠서 어쩌면 개인전까지 열 수 있다는 기대에 부풀었을지도 모르죠. 문제는 여기 있어요. 당신은 붓글씨를 익히기 위한 구체적인 계획을 세운 게 아니라 '나는 최고'라는 것을 보여 주고 싶은, 일종의 '전능적 자기애'를 실현할 목표를 세운 겁니다.

그러니 이 소모적인 가짜 노력에서 벗어나려면 가장 먼저 자신에게 합리적인 목표를 세워야 해요. '오늘 공부해서 내일 당장 원하는 대학에 들어간다.' 이거야말로 지나친 자기애가 아닐 수 없어요. '5년 동안 열심히 공부해서 해당 영역에서 두각을 드러내겠다.' 정도는 되어야 합리적인 목표라고 할 수 있을 것 같아요.

자, 여기서 관건은 목표를 세울 때 '자기애'가 아니라 '유용함'을 염두에 둬야 한다는 점입니다. 쉽게 풀어 볼게요. 영어를 공부하는 이유가 '남들에게 자랑하기 위함'과 같은 자기만족이 되어서는 안 돼요. 그건 돈을 버는 이유가 화려한 금장식을 두르고 남들에게 과시하기 위함과 다를 게 없어요. 그런데 영어를 공부하는 이유가 '유용함'이라면 상황이 달라져요. 가령 그동안 너무 읽고 싶었지만 역서가 없어서 보지 못했던 원서를 완독하기 위함이라든가, 다른 문화 배경을 가진 사람들과 다양하게 교제하고 견문을 넓히기 위함이라면 당신의 실질적인 실력이 향상될 거예요. 이래야 합리적인 목표라고 할 수 있죠.

목표를 세울 때 중요한 것은 어떤 목표를 세우느냐입니다. 그중에서도 핵심은 자기애에 빠진 '과시형 목표'를 세우는 게 아닌 지속 가능한 '유용성'이 바탕이 되어야 한다는 점이죠.

2. 빈틈없는 계획보다는 여유 있는 계획표를 세우자

단숨에 목적지에 도달할 수 없다는 걸 깨닫고 합리적인 목표로 수정했다고 해도 당신은 혹시나 시간을 허투루 쓰진 않을까 하는 염려에서 쉽게 벗어나지 못할 거예요. 그래서 아주 타이트한 계획을 세우고 어떻게든 그 '미션'을 완수하도록 스스로 채찍질할 겁니다.

가장 전형적인 예가 아주 빡빡한 계획을 세우는 거예요. '30분 동안 인터넷 강의 듣기. 바로 이어서 30분 동안 영어 강의 듣기. 이 스케줄은 반드시 오전 8시에서 9시 사이에 끝내기. 자투리 시간 적극 활용하기. 화장실 가는 5분 동안 단어 외우기. 버스 기다리는 3분 동안 문제집 세 페이지 풀기.' 30분짜리 강의를 연이어 한 시간 안에 듣는다는 계획을 세웠지만 그사이에 택배 전화가 오기라도 한다면 뜻대로 계획을 실천할 수 없겠죠. 그러면 당신은 이내 실망할 테고 쉽게 포기해 버릴 거예요.

당신에게 지금 필요한 건 타이트한 계획을 완벽하게 실현할 새로운 방법을 터득하는 게 아니에요. 오히려 여유가 필요해요. 당신의 계획에 '여백의 미'를 남겨야 합니다. 오늘 단 하나의 단어를 완벽하게 마스터하는 게 500개 단어를 외우는 것보다 훨씬 현명해요. 미션을 완수한 당신은 성취감을 느낄 거고 그 성취감에 힘입어 또 다른 단어를 완벽하게 외울 수 있어요. 그렇게 계속 공부하다가 지치면 쉴 수도 있죠.

하지만 하루에 단어 500개를 외우자니 아직 갈 길이 멀다는 마음에 자꾸 한숨이 나와요. 100개를 외우고 나면 처음에 외웠던 단어가 가물가물하죠. 스스로 실망하고 좌절하고 무력감을 느끼다가 결국엔 포기하게 됩니다.

계획을 여유 있게 세우는 건 게으르다는 말이 아닙니다. 오히려 당신이 더 노력할 수 있게 힘을 줄 거예요. 노력하는 걸 즐거워하는 상태로 만들어 줄 거예요. 더는 '하얗게 불태우는 방식'의 가짜 노력을 하지 않을 거예요.

3. 시간보다 시간 속의 '정서'를 관리하라

아마 여기까지 읽었으면 불안감이 엄습할 거예요. 첫 번째 방법을 시도해 보자니 목표를 포기하는 것 같고, 두 번째 방법을 해 보자니 뭔가 노력하지 않는 것 같은 느낌이 들겠죠.

사람은 어떤 노력을 시작하는 순간 시야가 아주 좁아져요. 오로지 '노력'해야 한다는 것에 초점이 맞춰지거든요. 그래서 시간을 효율적으로 사용하는 게 중요해요. 물론 시간이라는 것도 비틀어 짜낼 수는 있어요. 마치 스펀지가 머금고 있는 물을 짜내는 것처럼요. 그런데 문제는 그런 식으로 사용한 시간에는 대가가 따른다는 거예요. 억지로 비틀어 짜낸 시간에 여자 친구와 함께 하면 결국에는 그녀와 싸우느라 시간을 허비하게 되죠. 단순히 시간만 허비하는 게 아니에요. 그 일이 해결될 때까지 걱정과 불안, 근심 같은 부정적인 감정 속에서 지내야 하거든요.

그래서 시간 관리보다 더 중요한 건 시간 속의 '정서'를 관리하는 거예요. 하루는 24시간이죠. 아무리 능력이 뛰어난 사람이라도 25시간을 관리할 수는 없어요. 마찬가지로 마음이 복잡하고 힘들면 당신에게 25시간이 주어진다고 해도 소용없어요. 그런데 마음이 편안하면 언제라도 노력할 수 있어요. 그러면 목표는 생각보다 훨씬 쉽게 성취할 수 있을 거예요.

정리하기

하얗게 불태우는 방식의 가짜 노력

구체적인 증상

1. 자기에 대한 과도한 예측과 기대로 비현실적인 계획을 세운다.
2. 빈틈없는 계획표 때문에 진짜 중요한 사람이나 업무를 간과하게 된다. 그 결과 전체적인 효율이 낮아지고 정서가 불안해진다.

솔루션 _ □ ×

1. 누군가에게 보여 주기 위한 계획을 포기하라. 자신에 맞는 합리적 목표를 세워라.
2. 걱정과 불안을 유발하는 타이트한 계획을 과감히 포기하라. 시간적 여백을 마련하라.
3. 진정한 시간 관리의 고수가 되려면 정서를 관리하라.

추천 도서

- 에드워드 버클리·멜리사 버클리, 『동기과학』, 신현정, 시그마프레스, 2019

05

매번 소개팅을 해도
괜찮은 사람을 못 만나네.

흥! 됐어!
난 더 능력 있는 사람이 될 거야!

내가 능력을 갖추면
인연은 따라오게 되어 있어!

하지만… 스펙을 이렇게 키웠는데도
왜 인연은 안 나타날까?

나의 내면 깊은 곳을 돌아 보고
가족, 인간관계, 정서적으로 겪는 문제를
용감하게 마주하자.

위안이 되지 않는 가짜 노력은 이제 그만.
사랑으로 충만하게 내면을 채우고 다시 시작하라!

당신의 수레는 어디로 가고 있나요?

멈추지 못하는 당신,
노력하면 할수록 허무한 이유

서른을 넘긴 여자입니다. 박사 공부 중이고 아이엘츠IELTS는 7.0, 주요 언론에 실린 논문이 3편 있습니다. 영양사 자격증을 보유하고 있고, 스페인어를 공부 중이며, 컴퓨터 프로그램 자격증도 다수 보유하고 있어요.

행복하냐고요? 글쎄요. 저는 이런 스펙 때문에 마음이 흡족하거나 내면이 충만해진 경험이 한 번도 없어요. 오히려 그 반대입니다.

사실 저는 늘 사업에 대한 꿈을 꿨어요. 하지만 현실은 그냥 평범한 직장인이에요. 수입은 그저 그렇지만 아주 안정적인 직장에 다니고 있죠. 제가 먼저 그만두지 않는 한, 은퇴 전까지는 잘릴 걱정 없는 그런 곳이에요. 이곳은 사실 박사 학위까지도 필요 없는 곳이었어요. 제 학과 성적으로도 충분히 들어올 수 있었거든요. 이제는 좋은 반려자를 만나 결혼하고 아이 낳고 화목한 가정을 꾸리고 싶은데…. 문제는 '하지만'이라는 말이 늘 제 머릿속에 찰거머리처럼 붙어 다닌다는 거였죠. 남부럽지 않은 스펙을 가지고 있으면서도 저는 늘 걱정과 불안, 열등감에 시달렸어요. 제가 쉼 없이 노력하는 이유이기도 했죠.

생각해 보면 스페인어도 그래서 배우게 된 거였어요. 당시 부모님이 매주 주말만 되면 선을 보라고 난리였어요. 신기하리만큼 매주 새로운 사람들과 약속을 잡아 오셨죠. 실제로 마음에 드는 사람이 몇 명 있긴 했지만, 그쪽에서 별로 적극적으로 나오지 않았어요. 제가 부족해서 그럴 수도 있다는 생각이 들었어요. 그래서 스페인어를 배우기로 결심한 거예요. 더 능력 있는 사람이 되고 싶어서요. 3년이 지났고 스페인어 실력은 눈에 띄게 향상했지만, 마음에 드는 짝은 아직도 만나지 못했네요.

영양사 시험을 보게 된 것도 비슷한 이유예요. 당시 주변 친구들이 전부 잘 안 풀렸어요. 갑자기 이직하게 된 친구도 있었고 정리해고된 친구도 있었죠. 그걸 보니까 너무 불안하더라고요. 먹고 사는 게 걱정이 없어야 하는데 지금은 안정적인 직장으로 보일지 몰라도 사람 일이라는 건 어떻게 될지 모르잖아요. 저뿐만 아니라 부모님도 나이가 들어 가시는데 10년 후에 제가 직장도 없이 백수로 산다면 너무 창피할 것 같았어요. 그래서 영양사 시험을 보기로 했죠. 만에 하나 직장을 잃는대도 특별한 기술이 있다면 일자리 찾는 데 많은 도움이 될 것 같았거든요. 하지만 영양사 자격증을 취득하고 나서도 이 불안감은 사라지지 않았어요. 오히려 더해졌죠.

심지어 어머니는 제가 그런 자격증 공부를 하는 걸 반대했어요. 시간 낭비라고 하셨죠. 좋은 직장에 다니면서 뭐 하러 그런 자격증을 공부하냐고, 남들 보기 창피하다고 하셨죠. 그래서 결심했어요. 남들 보기 괜찮은 공부를 하기로 한 거예요. 바로 박사 공부요.

걱정과 불안으로 굴러가는
수레바퀴

앞에서 우리는 '가짜 노력'의 여러 형태에 관해 살펴보았어요. 아등바등 노력하는데 실제로는 아무 결실이 없어서 힘들어하는 사연이 많았지요. 그런데 세상에는 편하게 살고 싶지만 도무지 '노력'을 멈추지 못하는 사람들도 있어요. 바로 당신처럼요. 그리고 보면 참 인생은 아이러니해요.

박사 공부를 시작하고, 외국어를 공부하고, 자격증을 취득하는 건 전부 당신의 실력을 향상해 주는 것이므로 '진짜 노력'이라고 할 수 있어요. 그런데 당신이 그렇게 노력하는 이유가 학술을 연구하고 싶어서, 혹은 진급을 위해, 임금 인상을 위해서가 아니라 걱정과 불안 때문이라면 그야말로 수레를 엉뚱한 방향으로 힘겹게 끌고 있는 셈이에요. 그러니 이 또한 가짜 노력에 해당하죠.

번번이 소개팅에서 실패하는 과정을 반복하면서 아마 당신의 목표는 '평생의 반려자 찾기'에서 '소개팅 성공률 높이기'로 변했을 거예요. 그래서 이성에게 더 매력적으로 보일 방법을 연구하기 시작했겠죠. 그런데 흥미로운 건 당신이 택한 방법은 외모를 가꾸거나 사교 활동을 늘린 게 아니라 스페인어를 배우기 시작했다는 거예요. 왜 가족이나 친구들에게 당신의 이상형에 관해 더 명확히 말하지 않았는지도 궁금해요. 당신은 자신이 부족하다고 생각했어요. 그래서 스페인어를 공부하기 시작했지요. 그런데 알다시피 외국어는 혼자 공부할 시간이 많이 필요해요. 반려자를 찾는다는 사람이 방안에 틀어박혀 자기 계발만 하고 있으니 성공할 리 만무하죠. 사람을 만나야 하는데 외국어를 공부하고 있으니까요. 길을 잘못 들은 거나 마찬가지라는 말이에요.

그렇지만 사실 당신의 행동에는 다른 이유가 있어요. 마음에 드는 이성을 만나지 못해 여러 번 좌절을 겪으면서 다른 생각이 자라기 시작한 거예요. '흥! 난 너희와 달라. 외국어를 마스터해서 한심한 너희들의 코를 납작하게 해 주겠어!'라는 마음이요.

물론 당신이 제 말에 동의하지 않을 수도 있어요. "사람을 만나야 하는데 혼자서 외국어를 공부했으니 수레를 잘못 몰았다는 말은 어느 정도 일리가 있겠네요. 하지만 저는 나중에 실업자가 되는 게 무서웠고 거기에 대비하고자 스펙을 늘린 건데 이게 어떻게 가짜 노력이라고 할 수 있죠?" 다시 한번 강조하지만, 스펙을 쌓고 기술을 배운 건 아주 훌륭한 자기 계발이에요. 그런데 당신이 이토록 노력하는 진짜 이유가 뭔지 살펴보자고요. 훗날 조금 더 편안한 삶을 살기 위해서? 아니요. 겉으로는 그렇게 보이지만 실제로는 아니에요. 충분하지 못한 안전감, 인정받고 싶은 절박한 욕구에서 비롯한 것이 많아요.

학술 연구에 뜻을 품었다면 박사 학위 취득이 당신의 커리어나 삶에 많은 도움이 되겠죠. 그렇지만 지금 당신은 본인의 전공과는 아무런 연관 없는 직장에 다니며 앞으로 10년 안에 일어날지 아닐지 확신할 수 없는 위기 상황에 대비하느라 엉뚱한 데 힘을 쏟고 있어요.

혹시 타라 웨스트오버의 『배움의 발견』이라는 책을 읽어 본 적 있나요? 이 책은 극단적 모르몬교 신앙을 지닌 부모 밑에서 태어나 정상적인 공교육을 단 한 번도 받지 못한 채 부모의 지속적인 탄압과 학대 속에서 자란 주인공이 마침내 교육을 통해 가족으로부터 해방되고 진정한 자아를 찾아가는 이야기를 다루고 있어요. 실화입니다. '종말론'을 신봉하는 아버지는 공교육은 신과 멀어지게 하기 위한 정부의 음모라는 잘못된 사실을 자식들에게 주입하고 편집적인 행동을 요구합니다. 주인공의 아버지는 극도의 불안에서 벗어나지 못하는 양극성 장애를 지닌 인물이었어요. 혹시 당신도 이런 모습을 보이진 않는지 조심스레 물어보고 싶어요. 끊임없이 자격증을 취득하고 박사 공부를 하면서도 당신 내면에 버티고 선 거대한 불안감이 해소되지 않는 이유는 무엇일까요?

늘 불안하고, 그래서 쉴 새 없이 노력해야 하는 사람에게는 종종 '인정 욕구' 문제가 따라다닙니다. 일반적으로 이러한 유형의 가짜 노력을 하는 사람들은 '질책은 아이를 성장하게 하지만, 칭찬은 아이 버릇을 망친다'라는 신념을 가진 부모 밑에서 자란 경우가 많아요. 그들은 어릴 때부터 성인이 되기까지 부모에게 충분히 인정받은 적이 없죠. 그러니 칭찬받을 때까지 계속 노력하는 수밖에 달리 방법이 없는 거예요. 대표적인 방법이 권위 있는 기관에서 발급하는 자격증을 따는 것입니다.

당신에게 묻고 싶은 게 있어요. 지금 당신에게 정말로 필요한 게 그런 자격증이 아니라 부모님의 '인정'은 아닌가요? 그 많은 자격증을 아무리 따내도 그것이 당신을 진정으로 구원할 수 없다면 어떻게 하시겠어요? 열심히 노력했는데도 따라오는 어머니의 말들, 가령 '자격증 시험 준비 같은 건 시간 낭비'라고 하는 그런 말들이 당신을 다시 좌절하게 하면 어떡하죠? 박사 졸업을 하고 난 뒤에는 부모님이 당신을 인정해 주실까요? 글쎄요. 저는 확신하기 어렵네요.

'기본적인 욕구'를 먼저 해결하고, 내면 깊은 곳의 상처를 직면하라

1. 자신의 '기본적인 욕구'에 귀 기울이기

그렇다면 어디서부터 어떻게 해야 마음속의 상실감과 불안감을 해결할 수 있을까요? 인정받고 싶은 욕구에서 벗어나 '진짜 노력'을 통해 진정한 나를 만나려면 어떻게 해야 할까요?

답은 간단해요. 매슬로의 유명한 '욕구 5단계 이론'이 있죠. 그의 이론에 따르면 인간의 가장 기본적인 욕구는 식욕, 수면욕과 같은 생리적인 욕구입니다. 그다음이 바로 안전에 대한 욕구예요. 질서 있는 삶의 환경 속에서 위험과 고통으로부터 나 자신을 보호하고자 하는 욕구입니다. 그다음은 사회적 욕구입니다. 깊이 사랑하는 사람과 함께 하고 조직이나 집단에 소속되어 소속감을 경험하며 사랑과 우정 등을 나누고자 하는 욕구이지요. 그다음이 존중과 존경의 욕구, 마지막이 자아실현의 욕구입니다. 이 다섯 가지 욕구는 점진적으로 채워지는 것입니다. 즉, 생리적 욕구가 채워진 다음 안전에 대한 욕구를 갈망하게 된다는 것이죠. 안전에 대한 욕구가 충분한 보장된 다음에야 사랑에 대한 욕구가 생깁니다. 이러한 욕구들이 채워져야 마지막 자아실현을 위해 비로소 '진짜 노력'을 하게 되는 것이죠.

물론 어떤 사람들은 사랑과 소속감이 부족하고 안전이 보장되지 않은 채 성공을 손에 넣기도 합니다. 그러나 그들의 자아실현은 자기기만적 허상인 경우가 많아요. 그래서 진정한 만족과 기쁨을 누리지 못합니다.

2. 내면 깊은 곳의 상처와 용기 있게 마주하기

당신은 의지력이 매우 강한 사람입니다. 대다수 사람은 사랑과 소속의 욕구가 실현되지 않은 상황에서는 박사 공부를 하거나 각종 자격증을 취득하기보다 자신을 증명하려고 애쓰거든요. 하지만 그것도 뜻대로 되지 않아 좌절합니다. 하루 종일 굶어 배가 고픈 사람은 먹을 것만 생각해요. 일단 배고픔을 해결하지 않고서는 어딘가에 소속되거나 자아를 실현하고자 하는 의지가 생기지 않아요. 부모의 불화로 이혼한 가정의 자녀는 안전한 가정에서 부모에게 큰 사랑을 받는 것을 꿈꾸느라 학업에 집중하지 못합니다. 대인 관계가 엉망인 사람은 어딘가에 깊이 소속되기를 간절히 바랄 뿐, 업무나 인생의 자기 가치 실현 따위에 신경 쓸 겨를이 없습니다.

당신이 진정한 자아실현을 원한다면 승진을 위해서, 취미를 누리기 위해서 박사 공부를 하고 자격증 시험에 응시할 거예요. 당신이 그런 노력을 한다면 힘내라고 응원하고 싶어요. 그렇지만 그토록 노력하면서도 마음속으로는 계속 공허하고 '이룬 것이 하나도 없다'라는 생각이 든다면 한 번쯤 스스로 질문했으면 좋겠어요. '지금 내 안에 채워지지 않는 부분이 어디지? 나는 왜 이렇게 쉬지 않고 노력하는 거지?' 혹시 그게 안전에 대한 욕구인지, 아니면 사랑이나 소속에 대한 욕구인지 스스로 돌아보는 시간을 가졌으면 좋겠어요. 이건 아주 중요한 문제예요.

가정이나 대인 관계, 정서적으로 겪는 핵심적인 문제는 작위적인 자기 위안으로는 절대 해결할 수 없어요. 가령 박사 학위나 외국어 공부, 자격증 취득 같은 것이죠. 노력이라는 건 편안하고 재미있는 상태에서 유지하는 것이지 두려움과 피로가 산적한 상태에서 허무함만 남기는 행위가 아닙니다. 먹고 자는 데 아무런 걱정이 없고 충분한 사랑과 소속감을 느끼는 사람이 할 수 있는 가장 즐거운 일이 무엇일까요? 바로 자아실현이 아닐까요?

엉뚱한 곳으로 수레를 몰고 가는 가짜 노력

구체적인 증상

1

계속 성장하는 것 같지만 실제로는 근심과 불안, 염려 속에서 헤어 나오지 못한다.

2

겉으로는 자아실현을 위해 성실히 노력하는 것처럼 보이지만, 실제로는 안전감과 인정에 대한 욕구가 절실하다.

솔루션

1. '기본적인 욕구'를 먼저 해결하라. 사랑으로 내면을 가득 채운 뒤 다시 노력하라.
2. 내면 깊은 곳에 숨은 아픔을 직면하라. 가족이나 대인 관계, 정서적인 부분에 숨겨진 아픔과 마주하라.

추천 도서

- 에이브러햄 매슬로, 『동기와 성격』, 오혜경, 연암서가, 2021

06

새로운 사람이 될 거야!
정보도 이렇게나 많이 모았어.

이렇게 많은 강의를 듣고 공부했는데도
인생에 변화가 없네.
다 부질없는 말들이구나.

현실은 잔혹해.
내 인생은 바뀌지 않아.

변화란 두려움과 책임,
허무함을 동반한다는 사실을 인정해야 한다.
하지만 진정으로 내가 원하는 삶을 위해서라면
이것들을 모두 감당할 수 있다.

지식을 실천으로 이끄는
'다섯 가지 요소'를 기억하라.

인생을 절대 바꾸지 못하는 가짜 노력

아는 건 이렇게나 많은데
왜 현실은 제자리걸음일까?

저는 요즘 머리가 아픕니다. 인간관계도 일도, 그냥 인생 자체가 잘 풀리는 게 하나도 없는 느낌이에요. 먼저 부모님과의 관계가 힘들어요. 일단 전화 통화만 하면 부모님이 쏟아 내는 잔소리 때문에 마음이 답답해요. 애인은 하루가 멀다고 자기를 정말 사랑하는 게 맞느냐고 물어요. 일도 힘들어요. 월급도 고만고만한데 앞으로도 비전이 없어 보입니다.

그렇지만 막상 이직을 하자니 엄두가 나질 않아요. 그중에서도 제일 답답한 건 제 상태입니다. 얼마 전에 받은 건강 검진에서 고혈압, 지방간 판정을 받았어요. 운동을 해야 한다는 생각은 있지만 자꾸만 내일로 미루게 되네요. 심지어 요즘에는 잠이 잘 오지 않아서 불면증에 시달려요. 밤에 제대로 잠을 못 자니 낮에 꾸벅꾸벅 졸거나 업무에 제대로 집중하지 못합니다.

물론 이런 문제들을 해결하려고 열심히 노력해 봤어요. 성공한 사람들의 자기 계발서, 심리학 서적을 닥치는 대로 읽었고 영양제, 운동, 건강 관리와 관련된 여러 영상 채널을 구독하거나 인터넷 정보를 검색하기도 했습니다. 휴대 전화에는 '관계 개선' '일' '건강 관리'와 같은 폴더를 만들어서 정보를 저장하고 몇 번이고 실천하려고 노력했어요. 물론 처음에만요.

초기에는 책에 나온 방법이나 인터넷에 돌아다니는 정보가 매우 유익하다고 생각했습니다. 실제로 많은 감명을 받기도 하고 행동으로 옮긴 것도 몇 개 있었어요. 하지만 시간이 지나자, 별거 아닌 것 같다는 생각이 들더군요. 다들 거기서 거기인, 뻔한 정보만 알려 주더라고요. 재미가 없었어요. 흥미가 떨어지니까 하나도 유용하지 않았죠. 아무리 훌륭한 이론도 제 삶을 변화시키진 못했습니다.

그러던 어느 날은 갑자기 화가 치밀어 올랐어요. 삶을 바꾸지도 못하는 그따위 정보들을 이렇게 열심히 모아서 뭐 하나 싶은 생각에 폴더를 모두 삭제했습니다. 그 후로는 예전과 똑같은 그저 그런 일상을 살고 있어요. 아마 앞으로도 그럴 것 같네요.

이론은 '척척박사', 실천에는 젬병

안타깝게도 이론에 있어서는 '척척박사'지만 제대로 실천한 게 없는 것 같네요. 그러니 변화가 있을 리 만무하죠. 심지어 당신은 그 모든 게 다 하릴없는 소리라며 불평 중이군요. 사실 이건 당신만의 이야기가 아니라 우리 모두의 이야기이기도 해요.

중국 명나라의 철학자 왕양명王陽明이 남긴 유명한 말이 있습니다. 바로 '지행합일知行合一'이에요. 쉬운 말로 풀면 지식과 행동이 서로 일치해야 한다는 뜻입니다. 시간 관리법 10개를 공부하는 것보다 자리에 앉아서 책을 읽는 게 더 나아요. 단 한 페이지라도요. 대화의 기술 20개를 익히는 것보다 사랑하는 사람과 얼굴을 마주하고 앉아서 진심 어린 대화를 나누는 게 훨씬 좋습니다. 운동을 다니려고 각종 헬스 관련 영상 채널을 찾아다니는 것보다 당장 아파트 1층으로 내려가서 계단으로 올라오는 게 더 현명해요. '알기만'을 노력하고 진정으로 '행하지' 않으니, 결과가 있을 리 없죠. 당신은 지금 절대 변화가 있을 수 없는 가짜 노력을 하는 거예요.

물론 제가 이렇게 말하면 억울할 수 있어요. "제가 변하고 싶지 않았다면 처음부터 뭐 하러 그런 정보를 모으고 다녔겠어요?"라고 따져 물을 수 있죠. 아마 당신은 하고 싶은 마음은 굴뚝같았지만, 사정상 실천하지 못한 거라고 말할 거예요. 그런데 왜 못했을까요?

누군가는 이것이 인간의 대뇌 구조와 연관 있다고 말합니다. 연구 결과에 따르면 목표를 설정하는 대뇌의 영역과 그 목표를 실천하는 영역이 다르다고 해요. 다시 말해 아는 것과 행동이 생리적으로 '합일'이 안 된다는 말이에요. "어쩐지!"라는 말이 절로 나오죠?

이 연구 결과가 얼마나 과학적인지에 관한 토론은 잠시 거둬 둡시다. 지금 그게 문제의 본질이 아니니까요.

그렇다면 왜 이론은 그토록 빠삭한데 정작 행동으로는 옮기지 못하는 걸까요? 행동으로 옮긴다는 건 상황을 좋은 쪽으로 바꾼다는 의미입니다. 당신도 이걸 모르지 않아요. 그런데 정작 당신의 무의식 깊은 곳에서 변화를 거부하고 있어요. 변화라는 것은 수많은 리스크를 동반하기 때문입니다. 예를 들면 다음과 같은 것들입니다.

첫째, 변화는 두려움을 동반합니다. 지금 삶이 엉망이긴 하지만 이런 식으로 30년을 살았잖아요. 이미 습관이 되어 버린 거죠. 습관은 곧 안정감을 뜻합니다. 그런데 지금 변화를 위해 움직인다면 아무것도 모르는 낯선 세계로 들어가야 하거든요. 미지의 것은 불안하게 느껴집니다. 불안하다는 것은 곧 두려움을 의미하고 두려움은 나쁜 것이라는 인식이 존재하는 것이지요. 잔혹한 가정 폭력에 시달리는 어린아이를 가까스로 구해 주었지만, 결국 다시 그 폭력이 난무했던 가정을 그리워하는 것도 이와 같은 원리입니다. 그게 습관이 되었기 때문이죠.

둘째, 변화는 후회를 동반합니다. 알코올에 중독된 사람들이 하는 말이 있어요. "내가 오늘부터 금주에 성공한다면 이전에도 할 수 있었다는 말 아닙니까? 그런데 그걸 지금껏 못해서 아내도, 자식도 다 떠나 버렸잖아요. 술을 끊으면 그걸 얼마나 후회하겠어요? 그러니 나는 금주 안 합니다." 이런 논리로 따지자면 과거를 후회하기 싫어서 행동하지 않고 계속 혼돈 속에 살아가는 거죠. 대단히 '긍정적인 사고' 아닌가요?

셋째, 변화는 책임을 동반합니다. 대화의 기술, 소통의 기술을 배워서 관계가 개선된다면 과거 인간관계에서 발생한 문제들이 전부 자신의 책임이 될까 봐 두려운 마음이 생깁니다. 책임을 회피하고 싶어 하는 마음이죠. 또 관계 개선을 위해 행동하고 노력했는데 바뀌는 게 없는 경우 체면이 구겨질까 봐 걱정하기도 합니다. 그래서 그들은 생각하죠. '내가 노력하지 않아서 그렇지 마음만 먹으면 모든 게 다 좋아진다고!' 행동하지 않은 채 책임을 회피하고 싶은 마음에 자기 최면을 걸고 있는 거죠.

넷째, 변화는 허무함을 동반합니다. 수십 년 동안 자기 방식대로 고집스럽게 살면서 그 안에서 단단한 존재감을 느꼈을 겁니다. 그 모습이 온화하든 폭력적이든, 자신감 넘치는 모습이든 열등감에 찌든 모습이든, 회사원이든 노동자든 상관없이 사회 속에서 우리에게 늘 따라붙는 '이름표'가 있었을 거예요. 익숙한 우리의 모습이요. 그런데 변화를 위해 행동하면 이전의 내 모습이 사라집니다. 단단했던 마음속 존재감이 사라지고 고독함과 변화에 대한 의구심 등이 자리를 대신합니다. 낯선 세계에 발을 들였을 때 '여긴 어디? 나는 누구?'라는 혼란스러운 감정을 느끼는 것과 같은 이치라고 할 수 있습니다.

변화를 시도하면 두려움과 후회, 허무함이나 책임 회피 등과 같은 수많은 아픔을 감내해야 한다는 걸 알기 때문에 당신의 무의식이 계속해서 속삭이는 겁니다. '그냥 공부만 해. 행동으로 진짜 옮기진 말고.' 이런 가짜 노력을 하면서 당신은 안전감을 느끼는 거예요.

4가지 새로운 생각과 5가지 요소

1. 4가지 새로운 생각을 통해 변화를 향한 용기를 품자

변화에 대한 두려움 때문에 행동으로 옮기지 못하는 당신이 다시 생각해 봐야 할 것이 몇 가지가 있습니다.

첫째, 변화가 그토록 위험한 건 아닙니다. 미지의 세계는 물론 두렵습니다. 하지만 그곳은 신기하고 다채로운 경험으로 가득합니다. 익숙했던 가정에서 나와 낯선 사회에 발을 디딘다는 건 두려운 일이긴 합니다. 그러나 우리는 그곳에서 새로운 사람들과 풍경, 다채로운 세상을 경험하길 원합니다. 일평생 부모님 품속에서만 살 수는 없지요. 낯선 곳에 대한 두려움으로 걸음을 멈추는 것보다는 '변화가 꼭 위험하진 않다'라는 신념으로 새로운 방법을 마음껏 시도해 보면 새로운 변화를 맛볼 수 있습니다.

둘째, 진정으로 원하는 것을 얻으려면 유아기적 사고를 버려야 합니다. 지난 일을 후회하기 싫어서, 책임을 회피하고 싶은 마음에 행동하지 않는다는 건 자신이 죽을 때까지 올바르고 전능하다고 착각하는 것과 다름없어요. 행동에 옮겼다가 잘되지 않아 체면을 구기면 어쩌나 걱정하는 마음 역시 자신의 '전능함'을 보호하고자 하는 조치입니다. 그러나 이 '전능함'은 유아기적 사고임을 알아야 해요. 아이들은 생각합니다. '나는 아무것도 하지 않아도 돼. 내가 원하는 건 우리 부모님이 다 알아서 해 주거든.' 그러나 성인이 된 당신은 이렇게 생각하면 안 돼요. 어른의 세상에서는 이 논리가 통하지 않기 때문입니다. 당신이 원하는 건 오직 당신의 힘으로 쟁취해야 합니다.

셋째, 내 상황을 바꿀 수 있는 사람은 오직 단 한 사람, 나뿐입니다. 이것은 유아기적 환상을 버리는 것과 연결됩니다. 내 삶에 책임을 진다는 게 무거운 짐처럼 느껴지기도 하지만 한편으로는 삶을 새롭게 바꿔 나갈 힘을 내가 지녔다는 의미이기도 해요. 나의 인생은 내가 만들어 나가는 것이라는 믿음을 가진다면 행동은 자연스레 따라올 겁니다.

넷째, 인간이라는 존재는 본래 허무합니다. 변화를 거부하는 삶으로 자신에 대한 존재감을 인식할 수는 있지만 그건 영원하지 않아요. 시간은 흐르고 우리는 늙어 갈 테니까요. 회사 역시 시대에 따라 변할 거고 당신은 그 변화에 적응해야 할 거예요. 그렇지 않으면 실업의 위기에 놓일 수 있죠. 결혼을 하면 '배우자', 자녀가 태어나면 '부모'라는 새로운 신분이 계속 생겨나죠. 그러다가 죽음에 이르면 더는 아무런 이름도 존재하지 않게 됩니다. 변하지 않는 건 세상에 없어요.

우리의 존재 자체가 본래 허무해요. 그런 우리가 붙잡아야 할 것은 존재감이 아니라 계속해서 행동할 줄 아는, 그래서 익숙했던 세계에서 벗어나 미지와 허무의 세계로 나가게 하는 용기와 힘이에요. 자, 이제 아시겠나요? 존재의 허무함을 직면하기 싫어서 변화를 거부하는 것보다는 인생의 허무함을 받아들이고 새롭게 시작하는 게 훨씬 현명하다는 사실을요.

2. 계획을 실천하게 하는 5가지 요소를 기억하자

얘기가 조금 무거워진 것 같네요. 혹시 인생의 허무함까지 얘기하고 나니까 행동으로 옮기는 게 더 어려워진 느낌인가요?

그렇다면 다시 분위기를 좀 바꿔 봅시다. 사실 이론만 공부하고 행동으로 옮기지 않는 사람을 도와줄 또 다른 방법이 있어요. 바로 행동을 구체화하는 거죠. 여기에는 시간, 장소, 인물, 사건, 대체 방안과 같은 다섯 가지 요소가 포함되어야 합니다.

예를 들어 볼게요. 당신은 사람들과 대화를 잘하고 싶은 마음에 소통에 관한 책을 많이 읽어 보고 관련 팁을 메모해 두었어요. 그러면 그 팁은 언제, 어떻게 사용할 수 있을까요? '언젠가 아름다운 미래'에요? 그렇게 추상적으로 모호하게 말하지 말고 구체적으로 정리해 보자고요.

시간: 오늘 저녁 7시

장소: 우리 집 거실

인물: 나, 애인

사건: 오늘 터득한 대화의 기술을 활용해 여름휴가 계획 상의하기

대체 방안: 한쪽의 퇴근이 늦는 경우 내일 같은 시간, 같은 장소에서

　　　　다시 얘기하기

어때요? 당신이 터득한 이론과 기술을 '언젠가 아름다운 미래'에 사용하는 것보다 이렇게 다섯 가지 요소를 활용해 사용하는 것이 훨씬 구체적이고 실용적이지 않은가요?

변화 없는 가짜 노력에서 벗어나고 싶다면 행동으로 인한 변화에 두려움을 가지기보다는 올바른 생각의 정리를 통해 용기를 내는 게 좋아요. 거기에 위에서 말한 작은 기술까지 더해지면 훨씬 좋을 거예요.

인생을 절대 바꾸지 못하는 가짜 노력

구체적인 증상

1 방법론에는 빠삭하지만, 행동으로 실천하는 일이 거의 없으므로 삶이 변하지 않는다.

2 변화에 동반되는 두려움, 후회, 허무함 등의 어려움을 직면할 용기를 내지 못한다.

솔루션 _ □ ×

1. 4가지 올바른 신념을 정리해 변화에 대한 용기를 품자.
2. 5가지 요소를 활용해 계획을 구체화한 다음 신속하게 실천하자.

추천 도서

- 장 폴 사르트르, 『존재와 무』, 변광배, 민음사, 2024

PART 2

관계에 자꾸만
배신당하는 당신에게

07

좋았어. 그녀를 위해
선물을 준비해야지!

내가 수박을 좋아하니까
그녀도 수박을 좋아하겠지?

내가 연극을 좋아하니까
주말엔 공연을 보러 가자고 해야겠다.

'내가 이렇게 잘해 줬는데… 왜 불만이지?'

사랑은 내가 아닌
상대가 원하는 방식으로 표현해 주어야 한다.
사람마다 선호하는 사랑의 표현 방식이 다르다.

내 방식대로 베푸는 가짜 사랑

널 위해 내가 얼마나 희생했는데,
어떻게 몰라줄 수 있어?

결혼한 지 2년 차 되는 신혼부부입니다. 요즘 감정적인 문제 때문에 아내와 자주 다퉈요. 아내는 늘 제 사랑이 부족하다며 투정을 부립니다. 저는 그런 아내가 너무 철없게 느껴져요. 한때 열렬히 사랑해서 평생 함께하기로 약속하고 결혼했지만, 지금은 거의 매일 싸웁니다. 2년 차에 벌써 결혼 생활이 위기에 놓인 것 같아요.

결국 방법을 고민하다가 얼마 전에 부부 심리 상담을 받으러 갔습니다. 잘 풀고 싶었어요. 그래서 제 속마음을 솔직하게 털어놨고요. 하지만 결국에는 또 한 번 박 터지게 부부싸움을 하고 말았습니다.

"결혼 전에는 아내가 다정하고 제 마음을 잘 헤아려 주는 사람이라고 생각했어요. 하지만 지금은 완전히 다른 사람 같아요. 매일 힘들게 나가서 일하지만, 그 힘든 와중에도 종종 작은 선물을 사 들고 들어와 아내에게 이벤트를 해 줍니다. 평소에 갖고 싶다던 액세서리나 옷, 꽃 같은 거로요. 회사 여직원들은 아내를 다 부러워해요. 그런데 제 아내가 저더러 뭐라고 하는지 아세요? 제가 자기를 사랑하지 않는대요. 매일 늦게 들어온다고요. 특히 제가 야근하고 들어오는 날이면 어디서 뭘 하다 왔는지 자기가 알 게 뭐냐고 말해요. 그러고는 제가 죄책감에 선물을 사 들고 온다는 거예요. 정말 기가 막히지 않습니까?"

그랬더니 아내가 씩씩대며 반박하더군요.

"그럼 아니야? 나도 회사 다녀. 나도 돈 번다고. 당신이 그런 거 사 주지 않아도 내가 살 능력은 돼. 내가 변했다고? 웃기지 마. 변한 사람은 내가 아니라 당신이야. 연애 때 당신이 어땠는지 기억 안 나? 그때는 우리 기숙사 전등만 나가도 곧바로 달려와서 고쳐 주고는 했어. 내가 감기에 걸려서 아프면 한달음에 약을 사서 달려와 줬었다고. 그런데 지금 당신은…"

아내의 눈이 금세 발개졌습니다.

"또 또 생사람 잡는다. 그래, 당신도 돈 벌지. 그렇지만 그건 우리 가정을 위해서 서로 노력하는 거잖아. 나는 내 용돈 아껴 가면서 당신을 위해 선물을 사 가는 거라고! 내가 진짜 치사해서 이런 말까지는 안 하려고 했는데, 지금까지 살면서 당신이 언제 내 선물한 번 사 준 적 있어?"

아내는 기가 막힌다는 표정을 지었습니다.

"선물? 내가 선물 안 해 줘서 그랬던 거야? 하지만 당신이 한 번도 말한 적 없었잖아. 그리고 선물만 안 했지 매일 저녁 퇴근하고 집에 와서 밥이며 빨래며 청소며 집안일은 모두 내가 했는데…"

그러더니 결국 아내는 눈물을 터뜨렸어요.

"누가 그걸 당신더러 하래? 가사도우미 부르라고 몇 번을 말해도 안 듣고 굳이 자기가 하더니, 이제 와 그게 억울한 거야?"

당신이 생각하는
'좋은 사랑'이란 무엇인가?

뭐가 문제일까요? 아내는 사랑이란 상대를 세심하게 배려해 주고 시간을 함께 보내는 거로 생각하는군요. 그런데 당신은 사랑을 표현하는 중요한 방식이 선물이라고 생각한다는 거예요. 이게 갈등의 포인트예요. 그런데 안타깝게도 두 분은 서로에게 진정으로 필요한 게 무엇인지에는 관심이 없는 듯해요. 그냥 나에게 필요한 게 상대에게도 당연히 필요할 거라고 생각하는 것 같아요. 그래서 미루어 짐작으로 상대에게 전혀 필요하지 않은 걸 주는 거예요.

알기 쉽게 예를 들어 볼게요. 곰과 토끼가 사랑해서 결혼했어요. 고기를 좋아하는 곰은 싱싱한 육고기를 사냥해서 토끼에게 주었지요. 토끼는 울며 겨자 먹기로 고기를 삼켰지만 결국 소화하지 못해 며칠을 위장병으로 고생했어요. 풀을 좋아하는 토끼는 신선한 풀을 뜯어다가 곰에게 주었어요. 곰도 억지로 눈물을 삼키며 며칠 동안 풀만 먹다가 배고픔을 이기지 못해 극도로 난폭해졌어요.

동물들의 이야기라 별로 와닿지 않는다면 다른 예를 들어 볼까요? 혹시 "엄마가 춥다고!"를 경험해 본 적 없나요? 초겨울, 청바지를 입고 외출 준비를 하려는 당신에게 엄마가 말해요. "얘! 기모 바지로 갈아입어. 추워!" 당신이 춥든 덥든 그건 중요하지 않아요. '엄마가 추우니까' 기모 바지를 입고 나가야 해요. 그렇지 않으면 엄마는 문을 열어 주지 않겠다고 해요. 그때 당신 마음은 어땠나요? 이제 문제의 심각성을 좀 느낄 수 있겠어요? 엄마는 당신을 사랑하고 아끼는 마음에 그렇게 했다고 하시겠죠. 모든 게 당신을 위해서라고요. 하지만 당신이 느낀 기분은 분노와 조바심이었어요. 왜냐하면 당신은 기모 바지를 정말 입고 싶지 않았거든요.

우리가 대인 관계에서 불만과 억울함을 느끼는 이유가 뭘까요? 나는 상대에게 '이만큼이나' 해 줬다고 생각하는데, 상대는 내가 기대한 것만큼 감동하지 않고 만족하지 못하며 심지어 적개심을 품기 때문이에요. 맞아요. 잘못 찾아간 사랑의 자리 때문에 관계는 상처투성이가 돼요.

게리 채프먼의 『5가지 사랑의 언어』는 사람들이 사랑을 주고받는 방식을 다섯 가지로 정리해요. 인정하는 말, 함께하는 시간, 선물, 봉사, 신체적 접촉이 그것이죠. 책에서는 우리가 이 언어들을 빈번하게 사용해서 사랑을 표현해야만 비로소 상대가 알아들을 수 있다고 강조합니다. 그런데 중요한 건 사람마다 표현에 대한 선호도가 달라서 어떤 사람은 선물에 큰 만족감과 사랑을 느끼지만, 어떤 사람은 함께하는 시간에 큰 만족을 느낀다는 것입니다. 그런 의미에서 내가 사랑하는 사람이 어떤 방식으로 사랑을 표현할 때 가장 큰 만족감을 느끼는지 잘 아는 것은 매우 중요합니다. 그러니까 아내가 당연히 좋아할 거라는 생각으로 선물만 사 주어서는 안 된다는 거예요. 배우자가 그토록 갈망했던 건 선물이 아니라 당신의 인정과 격려였거든요.

마찬가지로 자기 잘난 맛에 아이들을 위해 밥을 해 주고 빨래만 해 주면 안 돼요. 아이들에게 지금 필요한 건 부모님의 관심 어린 사랑이니까요. 제멋대로 친구를 격려한답시고 이런저런 조언을 해 주어서는 안 돼요. 지금 그에게 필요한 건 따뜻한 포옹이거든요.

이걸 잘 알아챈다면 아주 '효율적인' 사랑을 할 수 있습니다. 당신에게 사랑을 받은 상대는 자연스레 그 고마운 마음을 보답할 테니까요. 하지만 가장 중요한 건 당신이 누군가를 진정으로 사랑하는 법을 배웠다는 사실이죠. 이것은 타인을 사랑하는 행위 같아 보이지만 사실은 나 자신을 사랑하는 것과도 같습니다. 그 순간에는 상대를 있는 그대로 수용하고, 그가 진정으로 바라고 필요한 것에 초점을 맞추거든요. 나의 욕심을 내려놓을 때 비로소 상대가 필요한 게 무엇인지 보입니다. 그래야만 그 사람을 '진짜로 사랑'할 수 있어요.

내 방식대로 사랑하는 것이 얼마나 위험한 일인지 이제 아시겠죠? 자리를 잘못 찾은 사랑의 표현 방식은 관계를 상하게 할 뿐이에요. 아내는 당신과 함께하는 시간을 간절히 바랐어요. 그런데 자꾸 당신은 선물만 주고 끝내려고 합니다. 그녀에게 필요한 건 따뜻한 격려의 말 한마디와 포옹이었는데 말이죠. 사람마다 '5가지 사랑의 언어'에 대한 민감도는 다르지만, 기본적으로 이 다섯 가지 표현 방식으로 사랑을 확인하고 또 확인받을 수 있습니다.

그런데 선물을 주는 행위가 '사랑의 표현'이 아닌 '자기 감동'에서 비롯된 것이라면 말이 달라져요. 목적이 상대에게 죄책감을 심어 주기 위한 것이 되거든요.

예를 들어 볼까요? "네 걱정하느라 밤을 꼴딱 새웠어.""널 위해 이혼 안 하고 참는 거야.""너 때문에 마음이 심란해서 일에 집중할 수가 없어." 이렇게 상대를 비난하고 꼭 마지막에 붙이는 말이 있죠. "너 때문에 얼마나 많은 걸 희생했는데 왜 보답할 줄을 모르니?"

정말 이상한 논리예요. 당신이 상대에게 '수익'을 내 준 것도 아닌데, 왜 당신에게 꼭 보답해야 하죠? 당신이 모든 업무를 꼭 마쳐야만, 수익을 내야만 회사에서 임금을 주던가요? 아니잖아요. 당신의 자리를 지키기만 해도 월급은 꼬박꼬박 나오잖아요.

정상적인 사람이라면 다른 누군가의 희생과 사랑에 보답할 줄 알아요. 그렇지만 본인 인생이 망가진 걸 남의 탓으로 돌리려는 사람의 인생까지 대신 살아 주고 싶다는 마음을 가지진 않죠. 게다가 자기만큼 희생을 강요하며 죄책감을 심어 주고 정서적으로 협박하는 사람과 평생을 함께하고 싶어 하는 사람은 없어요.

내가 아닌 상대가 어떤 사람인지, 무엇을 원하는지 초점을 맞추라

1. '자기 감동'에 머무르는 사랑 표현에서 벗어나기

내가 희생한 만큼 보답받는 따뜻한 관계를 유지하고 싶다면 먼저 상대가 사랑받고 있다는 걸 느끼게 해 주세요. 죄책감이나 두려움, 분노 말고요. 자기희생이나 자기 감동처럼 당신이 주고 싶은 제멋대로의 방식으로 사랑을 주지 말라는 말이에요.

어떻게 표현하는 게 좋을까요? 간단해요. 앞에서 제가 계속 말했던, 인류가 보편적으로 받아들이는 '5가지 사랑의 언어'를 반복적으로 사용하는 거예요. 선물은 꼭 비싼 물건이 아니어도 좋아요. 길을 걷다가 색이 고운 낙엽을 발견하면 고이 간직했다가 건네주는 것도 방법이죠. 선물을 받는 사람은 당신이 길을 걸으면서 자기를 떠올렸다는 생각에 마음이 흡족해지거든요.

상대에게 최대한 집중해 보세요. 함께하는 시간에는 휴대 전화 알람을 무음으로 바꿔 놓는 거예요. 그렇게 가족들 혹은 친구들과 대화를 나눠 보세요. 대화를 나눌 때는 상대방의 의견을 지지하고 응원해 주세요. 자꾸만 말을 끊으면서 조언하고 설교하지 않도록 노력하세요. 사랑하는 배우자와 자녀, 반려동물과 스킨십을 나누면서 그들에게 충분한 안전감을 주도록 하세요. 상대를 세심하게 배려하고 싶다면 손수 저녁 식탁을 차려서 대접해도 좋아요. 상대가 슬퍼할 때는 옆에서 귀를 기울여 주세요.

상대가 당신을 사랑하는지 아닌지 확신이 잘 서지 않을 때, 나만 희생하는 것 같다는 억울한 마음이 들 때는 불평하지 말고 먼저 스스로 물어보세요. '내가 저 사람에게 사랑을 잘 표현했나?' 아니라는 생각이 들면 그 자리에서 일어나 다시 한번 사랑을 표현하도록 하세요.

2. 상대가 선호하는 사랑의 언어를 정확히 파악하기

5가지 사랑의 언어 중에서도 상대가 어떤 '언어'를 선호하는지 주의 깊게 살펴보세요. 당신이 도움 주는 걸 중요하게 생각하는지, 아니면 선물 주는 걸 더 좋아하는지 말이에요. 가장 간단한 방법은 직접 물어보는 거예요. 물론 그렇다고 "선물이야, 관심이야, 인정하는 말이야, 아니면 스킨십이야? 뭐가 좋아? 빨리 말해."라고 추궁하진 말고요. 어쩌면 상대도 이 문제에 관해 깊이 생각해 본 적 없을지도 몰라요.

사실 아내는 상담을 하면서 이미 충분히 자기 마음을 표현했어요. 그녀는 선물이 아닌 당신의 따뜻한 격려, 그리고 함께하는 시간과 관심을 중요하게 생각하는 것 같네요. 그러니까 물어볼 때는 약간의 기술만 더해 주세요. "당신은 살면서 언제 가장 사랑받고 있다고 느꼈어?" 만일 10개 정도 대답을 했는데 거기에 '열나고 아플 때 엄마가 옆에서 밤새 어루만지고 간호해 주셨을 때' '내가 정말 슬픈 일이 있어서 엉엉 우니까 친구가 꼭 껴안아 줬을 때'라는 대답이 6개 정도 된다면 그녀는 신체적인 접촉을 좋아하는 사람이에요. '어릴 적 아빠가 바비인형을 사 주셨을 때' '첫사랑이 내게 장미꽃 다발을 선물해 줬을 때' 등을 얘기한다면 선물을 좋아하는 사람이고요.

질문 말고도 관찰이 필요해요. 사람들은 앞에서 말했던 것처럼 '자기 방식대로'의 사랑을 남에게도 주는 경향이 있어요. 선물로 사랑을 자주 표현하는 사람들은 보통 본인이 선물 받는 걸 좋아하는 사람일 확률이 높아요. 아파하는 사람 곁에서 함께 위로해 주는 걸 좋아하는 사람은 보통 인정과 격려의 말을 통해 힘을 얻는 사람일 확률이 높죠.

3. 관계의 어색함을 깨는 비결: 사람을 봐 가며 음식을 내놓기

친밀한 관계 말고 낯선 사람과 관계를 맺을 때도 알아 두면 좋은 팁이 있어요. 대부분은 낯선 사람과 대화를 나누는 게 너무 어색하고 힘들다고 말해요. 무슨 말을 어떻게 해야 할지 모르겠다고요. 뭔가 주제를 정해서 얘기하는데 상대방의 반응이 별로면 민망하잖아요.

그런데 사실 처음 만난 사람과 대화를 나누는 것도 그렇게 어려운 일이 아니에요. 지금까지 우리가 얘기했던 '내 방식대로의 대화법'을 버리면 금방 친구가 될 수 있거든요.

상대방이 차고 나온 팔찌나 목걸이를 보면서 '미니멀리즘'을 얘기하는 건 적절하지 않아요. 식료품 장바구니를 들고 있는 사람에게 예술 전시에 관해 이야기하는 것도 적절하지 않죠. 그보다는 밥을 맛있게 짓는 법, 요즘 제철 식재료에 관해 얘기하는 게 좋겠죠. 책장에 책이 잔뜩 꽂혀 있는 집에 가서 네일 아트나 요즘 유행하는 헤어스타일을 얘기하는 것보다는 최근에 재밌게 읽은 책에 관해 얘기하는 게 좋아요.

낯선 사람이든, 가까운 사람이든 관계를 맺음에 있어 중요한 전제는 상대가 어떤 사람인지 진실한 눈으로 보는 거예요. 한쪽 눈은 감고 다른 한쪽 눈으로만 상대를 보면서 "상관없어! 나는 내 방식대로 할 거야."라고 한다면 당신 주변에는 아무도 남아 있지 않을 거예요.

정리하기

내 방식대로 베푸는 가짜 사랑

구체적인 증상

1. 본인이 좋아하는 건 상대도 당연히 좋아할 거라는 생각에 자기 방식대로만 사랑을 베풀려고 한다.
2. 잘못된 사랑의 표현 방식으로 상대에게 죄책감을 심어 주고 정서적 올무를 조이려고 한다.

솔루션 _ □ ×

1. '자기 감동'에 머무르는 사랑 표현에서 벗어나 '5가지 사랑의 언어'를 사용해 보자.
2. 상대가 선호하는 사랑의 표현 방식을 잘 살펴보고 그에 맞게 마음을 전달하자.
3. 낯선 사람일수록 '내 방식'을 버리도록 하자. 취향을 고려해 음식을 내놓도록 하자.

추천 도서

- 게리 채프먼, 『5가지 사랑의 언어』, 장동숙·황을호, 생명의말씀사, 2024

08

아빠! 이런 거 사지 말라니까
또 샀어요?

내 돈으로 산다는데
왜 그러니?

그런 식으로는
너무 비효율적이에요.

그렇다면
당신 혼자 하세요.

대화는 누구를 위해서, 생각해서 하는 말이 아니라
나의 불편함과 어려움을 해결하기 위해 하는 것이다.

자신의 감정과 필요를 용감하게 전달하라.

감정을 무시한 채 이어 가는 가짜 대화

"다 너를 위한 거야."
그 말 뒤에 숨은 진짜 의미

그런 생각 해 본 적 있나요? 세상 모두가 내 편이 아니라는 생각이요. 지난 주말에 부모님을 뵈러 본가에 갔어요. 함께 아침 식사를 하다가 아버지가 또 어디서 말도 안 되는 건강 보조 식품을 사 오신 걸 알게 됐죠. 그동안 제가 여러 번 말했거든요. "이런 거 건강에 하나도 도움이 안 되는 쓰레기니 절대 사지 마시라"고요. "사기꾼들이 아무것도 모르는 노인네들 등쳐 먹으려고 하는 거"라고요. 자꾸만 돈을 함부로 쓰는 아버지에게 너무 화가 나서 버럭 소리를 질렀더니 아버지가 기분이 상하셨는지 수저를 상에 '탁!' 놓으시고는 화를 내셨어요. "내 연금으로 내가 사겠다는데! 네가 무슨 상관이냐!" 그러고는 문을 쾅 닫고 밖으로 나가 버리셨어요.

결국 아버지를 다시 못 뵙고 집으로 돌아가려고 길을 나섰는데 갑자기 회사에서 전화가 왔어요. 긴급하게 처리해야 할 일이 있으니 동료 A와 제가 나와 주었으면 좋겠다고 했죠. 가는 길에 A에게 전화를 걸었더니 자기도 연락을 받았다며, 그 일과 관련해서 본인에게 아이디어가 있다면서 이런저런 생각을 얘기하더군요. 하지만 제가 듣기엔 별로 효율적인 것 같지 않았어요. 그렇게 일했다가는 오늘 내로 다 처리하지 못해 친구와의 저녁 약속에도 나가지 못할 것 같았죠. 그래서 제가 조언을 조금 했어요. "글쎄요. 그 방법은 별로인 것 같은데요? 게다가 당신은 아직 입사한 지 1년밖에 안 됐잖아요. 경력은 내가 조금 더 많으니, 제가 하는 방법대로 따라오는 게 좋을 것 같아요." 아무 말이 없더군요. "여보세요? 들려요?" 끊어진 줄 알고 확인했더니 A가 아주 차갑게 말했어요. "그럼 다른 사람을 찾아보세요. 제가 가면 오히려 업무에 방해가 될 것 같네요." 그러고는 전화를 '탁!' 끊어 버렸어요.

혼자서 힘들게 업무를 마치고 친구를 잠시 만난 뒤에 밤에 집에 돌아왔더니 남자 친구가 거실에서 담배를 피우며 게임을 하고 있었습니다. 날이 춥다며 창문을 열지 않은 채로요. 온 집안이 담배 연기로 가득했어요. 화가 치밀어 올랐습니다. "건강에도 안 좋은 담배를 대체 왜 그렇게 피워 대는 거야? 자기는 게임 말고는 할 줄 아는 일이 없어? 좀 인생에 도움 되는 일을 찾아서 해 봐!" 남자 친구가 너무 한심해 보였어요. "그리고 이 쓰레기봉투 안 보여? 아침부터 여기 있었는데 어떻게 하루 종일 그대로야? 종일 집에 있으면서 쓰레기 하나 못 갖다 버려?" 그랬더니 남자 친구는 참을 수 없다는 듯 쓰고 있던 헤드폰을 책상에 '탁!' 내동댕이쳤어요. "주말이야! 주말에 좀 편히 쉬게 놔둘 수 없어? 너는 하루 종일 나갔다가 이제야 들어왔잖아!"

아버지도 수저를 '탁!' 내려놓고, 동료도 전화를 '탁!' 끊어 버리더니 남자 친구까지 헤드폰을 '탁!' 내동댕이쳤어요. 침대에 누워서도 그 소리가 머릿속에서 떠나질 않았습니다. 다들 제게 너무하는 거 아닌가요? 아버지에게 도움도 안 되는 그런 가짜 건강식품을 사지 말라고 한 게 잘못인가요? 더 효율적으로 일하자고 동료에게 말한 제가 잘못된 건가요? 몸에 안 좋은 담배는 그만 피우고 게임 말고 인생에 도움 되는 일을 찾아서 하라고 한 게 잘못인가요? 다 자기들을 위해서 해 준 조언이건만 어째서 그렇게 화만 내는 걸까요?

진짜 대화를 나누기 위해 필요한 것

"이게 다 너를 위한 거야!" 정말 당신이 하고 싶은 말이 그건가요? 당신은 부모님이 엉터리 건강 보조 식품을 사지 않도록 '대화'를 했다고 생각하지요. 정말 그럴까요? 진짜 부모님을 위해서 그랬을까요? 아니에요. 사실 당신은 부모님이 몸에 해로운 음식을 먹고 건강을 해칠까 봐, 그래서 아픈 부모님을 돌봐야 하는 일이 생길까 봐 걱정인 거예요. 당신은 동료에게 더 효율적인 업무 방식을 '제안'했다고 생각하지요. 정말 그럴까요? 아니에요. 일단 동료의 방식이 불편했고 그래서 저녁 약속 시간에 맞춰 가지 못할까 봐 걱정돼서 그랬던 거예요. 또 '남자 친구를 위해서' 게임을 줄이라고 잔소리한 거라 말하지요. 정말 그런가요? 가슴에 손을 얹고 생각해 보세요. 그가 게임에 정신이 팔려 있는 동안 당신은 외로운 시간을 보내야 했기 때문이에요. 게임 때문에 둘만의 생활에 집중하지 않는 그를 보며 무력감을 느꼈기 때문이죠.

사람들이 '대화'하자고 말하는 이유는 한 가지예요. 나는 더 이상 "참기 힘들다"는 걸 표현하고 싶은 거예요. 그렇지만 우리는 그걸 교묘하게 바꿔서 말해요. "다 너를 위해서"라고 말이죠. 그렇게 대화를 많이 시도했는데 상대가 당신의 마음을 알아주기는커녕 매정하게 돌아서는 이유가 여기에 있어요. 다시 말해, 당신이 말하는 '소통'은 자신의 감정을 숨긴 가짜 소통이에요. 우리 조금 더 솔직해지자고요.

우리가 대화를 나눌 때 본인의 감정과 필요를 직접 말하지 않고 '다 너를 위한 거'라고 포장하는 이유는 뭘까요? '도리'나 '이치', 혹은 '이성'을 내세워 상대를 설득하려는 이유는 뭘까요? 그건 바로 자기를 보호하기 위함이에요. 일종의 자기방어라고 할 수 있죠.

누군가와 솔직하게 대화를 나눈다는 건 두 가지를 솔직하게 직면해야 한다는 의미와 같아요. 바로 나의 '감정'과 '필요'입니다. 그런데 이건 우리가 가장 피하고 싶은 것이기도 해요.

"아빠, 건강식품을 그렇게 무작정 사 드시니 정말 걱정돼요." "자기가 게임만 하니까 내가 너무 외로워." 이렇게 말하면 나의 유약함이 적나라하게 드러나는 것 같잖아요. 보통의 사람들은 대화를 통해 내가 원하는 걸 얻어 내고 싶어 해요. 그런데 대화 초반부터 나의 연약함을 드러내 봤자 좋을 게 없다고 생각하는 거죠. 그래서 '이치'나 '도리' '상식'과 같은 것들로 나를 무장하는 거예요. "이렇게 돈을 함부로 낭비하면 어떡해요!" 이렇게 상대의 잘못을 지적하고 호통쳐야 비로소 강해 보인다고 생각하는 거죠.

어떤 유년 시절을 보냈길래 감정을 솔직하게 표현하는 게 연약하고 수치스러운 것이라 생각하는지 모르겠어요. 어떤 경험을 했길래 대화란 '너 죽고 나 사는 전쟁'이라는 신념이 생겼는지 모르겠어요. 하지만 그런 잘못된 생각은 버려야만 해요. 당신의 감정은 아름답고 고귀해요. 당신이 상대를 걱정한다는 건 그만큼 그 사람을 아낀다는 의미잖아요. 그런 당신을 위해 상대가 변화를 시도한다면 그건 수치스러운 일이 아니라 사랑에 보답하려는 아름다운 노력이거든요. 이것이 바로 소통의 본질이지요.

우리는 감정만큼이나 자신의 필요를 직시하는 데 익숙하지 않아요. 사실 당신이 하고 싶은 말은 이거죠. "오후에 친구랑 영화 보러 가기로 약속했거든요. 그래서 조금 더 효율적인 방법으로 일했으면 좋겠어요.""자기가 나에게 조금 더 관심을 주고 내 이야기를 잘 들어 줬으면 해." 그렇지만 이렇게 말하면 지나치게 이기적으로 보인다는 생각에 입을 닫는 거예요. 말해 봤자 상대가 들어 주지 않을 거라고 속단하면서요. 이런 생각의 이면에는 잘못된 신념이 숨어 있어요. 바로 '나의 필요는 잘못된 것'이라는 신념이요.

그건 아마도 당신의 어린 시절과 관련 있을 거예요. 부모님은 종종 어린 자녀의 필요를 무시하거나 간과해요. 간혹 자녀가 자기의 필요를 얘기했을 때 부모님이 석연치 않은 표정을 지으면 자신이 부모님을 귀찮게 했다고 자책하죠. 심지어 나쁜 부모들은 그런 자녀를 욕하고, 무시하며, 혼내기도 해요. "넌 어쩌면 그렇게 철이 없니!" "뭐 그렇게 원하는 게 많아!" 이런 상황을 여러 번 겪다 보면 일종의 수치심이 생기거든요.

그렇지만 당신은 이제 어린아이가 아니에요. 지금의 당신은 그때와는 완전히 다른 성인이 되었죠. 그런데도 여전히 마음속의 진짜 필요를 솔직히 얘기하는 걸 두려워하고 있나요? 내 필요는 얘기하지 않고 자꾸만 '설교'를 퍼붓는다면 상대는 당신이 필요한 게 뭔지 절대 알아듣지 못해요.

사랑과 겸손이 가득한 대화를 이뤄 내는 5단계

당신이 원하는 게 무엇인지 상대에게 잘 전달하고 소통의 효율을 높이려면 반드시 넘어야 할 산이 있어요. 바로 '공포감'과 '수치심'의 산입니다. 이걸 뛰어넘어야만 자신의 감정과 필요를 솔직하게 표현할 수 있어요. 이를 위해 다음의 다섯 단계를 알아 두면 많은 도움이 될 거예요.

첫째, 대화를 시작하기 전에 자신을 일깨우세요. 대화는 누군가 잘되라고, 상대를 내가 원하는 대로 바꾸려고 하는 게 아니에요. 그러니 '도리'를 내세우거나 일의 '시비'를 따질 필요 없어요. 나의 미성숙한 생각이나 관점을 얘기하고 지적받는 자리도 아니에요. 그냥 단순하게 말하면 돼요. "내가 힘들어."

둘째, 스스로 계속 질문하세요. '나는 지금 어떤 감정인가?' '힘든 이유가 뭘까?' '나를 힘들게 하는 문제가 뭐지?'

셋째, 충분히 생각했다면 이제 당신의 감정을 솔직하게 전달하세요.

넷째, 감정을 충분히 전달했다면 잠시 쉬어 가도 좋아요. 쉬는 동안 스스로 물어보세요. 상대가 이미 나의 '힘든' 감정을 알았으니 이제 상대에게 바라는 바가 무엇인지 곰곰이 생각해 보세요.

다섯째, 당신이 진짜로 원하는 걸 충분히 설명해 보세요.

앞에서 얘기했던 에피소드에 적용해 볼게요. 밤낮없이 게임만 하는 남자 친구와 어떻게 대화해야 할지 생각해 봅시다.

밤이 되어 집에 돌아와 문을 열었더니 거실에는 담배 연기가 자욱했어요. 남자 친구는 그 연기 속에서 게임을 하고 있었죠. 날이 춥다며 창문은 꼭 닫은 채로요. 화가 머리끝까지 치밀어 오른 당신. 이제 앞에서 얘기한 방법으로 차근차근 대화해 봅시다.

첫째, 먼저 깊은 숨을 들이쉬고 스스로에게 물어보는 거예요. '지금 내가 불편한 이유가 뭘까?' 담배는 건강에 좋지 않죠. 또 게임은 유용하지 못하다고 생각해요. 하지만 이건 당신이 하고자 하는 대화의 근본적인 주제가 아니에요. 지금 당신이 정말로 해야 할 말은 하나예요. "나 힘들어."

둘째, 이제 스스로 질문하세요. 당신이 지금 느끼는 '힘들다'는 감정은 어떤 걸까요? 분노인 것 같기도 해요. 그런데 사실 따지고 보면 남자 친구는 지금 자신의 취미 생활을 즐기고 있는 거예요. 거기에 당신이 분노를 느낄 필요가 있을까요? 그러니 당신이 느끼는 감정은 분노와 비슷한 억울함 혹은 슬픔인 듯해요. 그도 그럴 것이 오늘 하루 종일 되는 일이 하나도 없었잖아요. 그에게 이 일을 털어 놓고 싶은데 당신에게 관심이 없자 서운한 마음이 들었던 거예요.

셋째, 마음을 잘 들여다봤더니 이제 당신의 감정이 무엇인지 정확히 알게 됐죠. 그러자 당신의 말이 달라졌어요. "자기야, 나 오늘 되는 일이 하나도 없었어. 자기랑 하고 싶은 말이 너무 많은데 게임만 하니까 너무 속상해. 화가 나기도 하고."

넷째, 감정을 표현했다면 심호흡을 한 번 더 하고 생각해 보세요. 자, 이제 그가 당신의 불편하고 힘든 감정을 알았어요. 이어서 그가 당신에게 어떻게 해 주길 바라나요?

다섯째, "자기야, 미안한데 이번 판만 끝나고 잠시 나랑 얘기 좀 할 수 있을까?"

지금까지 해 왔던 당신의 소통 방식과 비교해 보세요. 담배가 건강에 안 좋다며, 쓸모 있는 일을 찾아서 해 보라던 말보다는 훨씬 상대가 알아 듣기 쉬워졌어요. 당신은 어떤 대화 방식에 더 만족을 느끼나요?

사실 이런 대화법은 소통의 효율을 높여 주어 대인 관계 속에서 적절한 자기효능감을 느낄 수 있어요. 또 '사랑과 겸손'이라는 아름다운 품성을 경험할 수 있게 하죠. 왜냐고요? 타인과의 소통이란, 나의 물질적 혹은 정서적 필요를 상대가 충족시켜 주는 과정이에요.

그래서 가장 겸손한 자세로 상대에게 나의 필요를 고백하게 되죠.
이건 다시 말해 내 속마음을 털어놓았을 때 상대가 나를 무시하거
나 거절하지 않을 거라는 강한 믿음과 선한 판단을 기반으로 이뤄
지는 거예요. 또 상대를 사랑하기 때문에 그 사람의 경계를 존중하
면서 나 자신의 필요와 감정을 용기 있게 타인에게 고백하는 과정
이랍니다.

정리하기

감정에 솔직하지 못한 가짜 소통

구체적인 증상

1 '나의 불편함' 때문에 소통이 시작된다는 걸 인정하지 않는다. 그래서 자꾸 설교를 늘어놓고 상대를 판단한다. 정작 말해야 할 나의 감정과 필요는 얘기하지 않는다.

2 내 감정과 필요를 털어놓는 건 큰 수치 혹은 잘못이라고 생각한다. 그래서 일종의 자기방어 조치로 감정에 솔직하지 못한 대화를 이어 간다.

솔루션 _ □ ×

솔직한 대화의 다섯 단계

1. 대화를 시작하게 되는 이유는 나의 불편함 때문이다.

2. 나는 지금 어떤 감정인가? 나는 무엇 때문에 불편함을 느끼는가?

3. 나의 감정을 상대에게 충분히 설명한다.

4. 나는 상대가 어떻게 해 주길 바라는지 곰곰이 생각해 본다.

5. 나의 필요를 정확히 전달한다.

 ## 추천 도서

- 마셜 B. 로젠버그, 『비폭력대화』, 캐서린 한, 한국NVC출판사, 2024

09

집을 아직도 안 샀어?
나중에 아기 낳으면
이사 어떻게 다니려고 그래?

지난번 면접 어떻게 됐어?
떨어졌어? 그거 봐. 내가 뭐랬어.
단단히 준비하라고 했지.

이렇게 매일 야근한다고 좋을 거 없어요.
일과 삶이 균형을 이뤄야지. 나 좀 봐요.
퇴근 후에는 일절 회사 연락 안 받잖아요.
가족보다 더 소중한 건 없어요.

'관심'이라는 탈을 쓴 채
남을 조롱하고 상처 주고 있진 않은가?
진정한 관심은 지나친 참견이나 조언으로
상대를 통제하는 것이 아니다.
그저 조용히 그 사람의 말에
귀를 기울여 주는 것이다.

관심을 표현하는 방법은 아주 간단하다.
입을 닫고, 귀를 열면 된다.

'관심'이라는 가면을 쓴 가짜 소통

진짜 관심과 가짜 관심,
그 미묘한 차이에 관하여

'딩딩딩~' 영상통화 알람음이 몇 번 울리고 이내 부모님의 얼굴이 화면에 나타났습니다.

"아들! 잘 지내? 어째 면도를 안 했니?"

"요즘 만나는 사람은 없니?"

"저번에 소개받았던 그 여자는 어떻게 됐어?"

줄줄이 쏟아지는 질문에 끼어들 틈이 없어 대답을 못 하다가 겨우 한마디 했습니다.

"다시 연락 못 했어요."

"아이고. 아들아! 그 여자 박사까지 공부한 엘리트에다가 아주 참하던데! 게다가 우리 지역 출신이고. 결혼하려면 네가 더 적극적으로 노력해야지 어째 연락을 못 했다고만 하니? 대체 엄마한테는 언제쯤 손주를 안겨 줄 거야!"

할 말이 없었습니다.

"손주요? 연애도 못 하는데 손주는 무슨…."

"됐다. 너 엄마 옆집 이모 알지? 그 이모가 괜찮은 아가씨 하나 소개해 준다고 하니 이번 주말에 시간 잡아 보마. 오늘 퇴근길에 깨끗하게 이발 좀 하거라. 그리고 너 매일 신고 다니는 그 신발 말이다. 그거 버렸니? 버리라고 한지가 언젠데 아직도 매일 그걸 신고 다니니? 이번 기회에 제대로 된 걸로 한 켤레 사."

그렇지 않아도 날도 더워지고 머리카락도 많이 자라서 오늘 퇴근길에 이발하려던 참이었어요. 사실 여자 친구는 어머니보다도 제가 조급한 마음이 더 컸죠. 그런데 이상하게 청개구리 심리가 있는지, 부모님이 말씀하시면 모든 게 다 하기 싫어졌어요. 다 큰 아들을 여전히 애처럼 대하는 어머니가 너무 싫었습니다.

"엄마가 몇 번을 말하니? 옷이 날개라고. 사람은 옷을 단정하게 잘 갖춰 입어야 하는 거야. 처음 만나러 나가는 자리에 지금처럼 후줄근하게 하고 나가면 상대가 널 뭐라고 생각하겠니? 시덥지 않은 잔소리라고 생각 마라. 그런 작은 거 하나가 인생을 바꾸는 거야."

'엄마, 제발! 그만하세요!' 목 끝까지 그 소리가 차올랐지만 간신히 참았습니다.

"이거 봐. 또! 또! 아무 대답을 안 하는구나. 그러게 처음부터 엄마 말을 들었으면 이렇게 먼 길을 돌아가지 않아도 되잖니."

"엄마, 저 일하러 가 봐야 해요. 더 하실 말씀 없으시면 끊을 게요."

가슴이 답답해지고 머리가 지끈거렸어요.

"이봐, 이봐. 또 엄마 말 안 들으려고 하지. 그렇지만 이 세상에 나랑 네 아빠만큼 널 생각해 주는 사람은 아무도 없어. 잘 알아 둬!"

통화 종료 버튼을 눌렀습니다. 사실 요즘 통 부모님을 못 봬서 보고 싶은 마음에 전화를 걸었던 거였어요. 업무가 많아서 몸도 지치고 마음도 지친 터라 부모님께 위로와 격려를 받고 싶은 마음도 있었습니다. 하지만 전화를 끊고 후회했어요. 어머니의 지나친 '관심'은 언제나 절 힘들게 한다는 걸 잠시 잊은 제 자신이 한심했죠.

'띠링!' 메시지 알람 소리에 정신을 차렸습니다. 어머니였어요. '아들아, 엄마 말 들어. 오늘 꼭 이발하렴! 이발했는지 안 했는지 저녁에 다시 확인 전화하마!'

한숨이 절로 나왔습니다. 짜증이 치밀어 올라 신경질적으로 휴대 전화를 바지 주머니 속으로 푹 찔러 넣었어요.

관심이 더해질수록 상대는
마음의 옹벽을 더 철저히 세운다

사실 당신의 이야기는 우리가 평소에 흔히 접하는 이야기이기도 합니다. 관심이 지나친 탓에 상대에게 많은 상처를 남기고 마음과 마음이 멀어지게 만들죠.

물론 저는 여기서 당신의 부모님을 질책하고 싶지 않아요. 그렇다고 당신의 부모님을 바꾸고 싶은 생각도 없습니다. 다만 우리가 수많은 관계 속에서 소위 '관심'이라는 말로 얼마나 많은 사람에게 상처를 주고 있는지는 함께 생각해 보고 싶어요. 많은 경우 우리는 '사랑'에서 비롯한 관심과 조언으로 상대에게 다가간다고 생각하지만, 정작 상대는 그것을 걱정과 불안, 초조와 근심으로 받아들이고 있다는 점을 알아야 합니다. 이러한 현상을 구체적으로 나눠 보면 다음과 같습니다.

1. 상대에게 걱정과 불안을 남기는 관심 표현

사람은 일단 누군가와 얼굴을 마주하고 앉으면 어색함을 느낍니다. 그 어색함을 깨 보려는 시도로 보통 상대에게 '관심'을 표현하기 위해 이런 질문을 던집니다. "지난번에 남자 친구랑 싸웠던 건 어떻게 됐어?" "요즘 집 알아보고 있다면서요? 분양받았어요?" "요즘 자영업자들 힘들다고 하던데 매출은 좀 나오나요?"

그러면 상대는 생각해요. '자영업이 힘들긴 하죠. 그러는 당신 수입은 어떻게 되나요?' '집을 알아보고 있긴 하죠. 그러는 당신이 지금 사는 집은 얼마예요?' '남자 친구랑 싸우고 헤어져서 마음이 아파. 네가 해결해 줄 수 있어?'

무슨 말인지 이해하나요? 이런 질문은 상대를 민망하게 해요. 안 그래도 이 일로 힘들어하는 사람에게 꼭 이런 질문을 할 필요가 있을까요? 어릴 적 동네에서 유명한 오줌싸개였던 사람에게 아직도 종종 이불에 실수하냐고 묻는 것과 다를 게 없어요.

알아요. 상대방에게 관심을 표현하기 위해 좋은 마음에서 그런 거죠. 하지만 그런 질문은 오히려 상대에게 선을 넘었다는 불쾌감과 근심을 안겨 준다는 걸 기억해야 해요.

2. 자신의 비관적 세계관을 상대에게 투영하는 관심 표현

이것은 자신의 무력함과 연약함을 '관심'이라는 이름으로 다른 사람에게 투영하고 전가해요. 예를 들어 볼게요. "아직도 전세 살아요? 나중에 아기 태어나면 어쩌려고요? 계속 이사 다니기 힘들 텐데." "아직도 그렇게 자주 싸워? 그 사람이랑 어떻게 평생을 사니?"

"지금 네 나이에 그런 병을 얻었으니 이제 앞으로 어떻게 사니?"

집을 사지 않고도 아이는 얼마든지 행복하게 키울 수 있어요. 부부싸움은 칼로 물 베기라는 옛말도 있잖아요. 병을 얻은 건 그 사람이지 당신이 아니에요. 당신이 그 사람보다 더 절망적이겠어요?

이것은 자신의 무력함, 무능함을 상대에게 투영해 비관적인 세계관을 만들어 본인과 동일한 무력감을 느끼게 하는 대화 방식입니다. 이런 식의 관심은 상대까지 무기력하게 만들어요. 이것이 상대방에 대한 진심 어린 관심에서 비롯한 것인지, 아니면 대항할 수 없는 현실에 대한 피로감을 배려 없이 타인에게 쏟아붓고 있는 것은 아닌지 잘 구별해야 해요.

3. 상대를 탐문하기 위해 미끼를 던지는 관심 표현

이 표현 방법은 과한 질문으로 상대에게 미끼를 던진다는 점에서 '낚시'라고도 할 수 있어요. 예를 들면 이런 거죠. "지난번 면접은 어떻게 됐어? 뭐? 떨어졌어? 그거 봐. 내가 뭐랬어. 그 회사는 들어가기 어려우니까 만반의 준비를 해야 한다고 했잖아." "요즘 남자 친구랑은 어때? 뭐? 헤어졌어? 그거 봐. 내가 걔 이상하다고 전부터 말했잖아. 내 말은 귓등으로도 안 듣더니."

이런 사람들은 먼저 상대에게 관심이 있는 척 질문을 던져 현재 상대가 처한 상황을 알아냅니다. 하지만 상대가 어렵게 마음을 터놓으면 그걸 빌미로 그 사람을 비난하고 질책하는 것이죠. 의식적이든 무의식적이든지요. 먼저 미끼를 던진 다음 상대가 입질하면 곧바로 무섭게 '처단'합니다.

물론 이 모든 것이 상대를 향한 관심에서 비롯한다는 걸 알아요. 하지만 상대는 그렇게 받아들이지 않습니다. 아마 그에게는 분노와 적개심만 남을 겁니다.

4. 나르시시즘 충만한 조언을 하는 관심 표현

어떻게 보면 앞에 나온 '낚시'보다는 조금 온화한 방식이라고 할 수 있겠네요. 우리가 일상에서 흔히 사용하거나 자주 듣는 방법이기도 하죠.

"그렇게 매일 야근하면 안 돼요. 너무 일에 매달려 살 필요 없어요. 날 봐요. 퇴근하면 곧바로 휴대 전화 알람을 끄잖아요. 집에 돌아가면 가정에 충실해야죠."

겉으로 볼 땐 상대를 위해 진심 어린 조언을 하는 것처럼 보이죠. 하지만 이런 나르시시즘 충만한 조언은 상대의 마음을 비뚤어지게 만들어요. 듣는 사람은 이렇게 생각하죠.

'나도 당신처럼 집 세 채에 월세 받으며 사는 사람이면 그렇게 하겠어. 자기만 가정에 충실한가? 누군 가족에게 엄청 소홀한 사람처럼 얘기하네.'

또 다른 예를 들어 볼까요?

"또 시험 닥쳐서 벼락치기로 공부하는 거니? 그러길래 내가 미리미리 복습 좀 하라고 했지! 시험을 코앞에 두고 그렇게 달달 외우면 머리에 남는 게 있니? 미리미리 해 놓으면 마음도 편하고 얼마나 좋아?"

미리 하는 게 좋은 거 누구나 알죠. 그런데 당장 내일이 시험이니까 지금은 일단 공부해야 하잖아요. 시간을 한 달 전으로 돌릴 수 있는 것도 아닌데 공부하는 사람에게 자꾸 그런 말을 해서 뭐 하겠어요?

이러한 방식의 관심 표현은 상대를 대신해서 해결 방법을 생각해 주는 것 같지만 사실은 일종의 '자기만족'에서 비롯한 행위예요. 상대에게 '조언'을 한다는 게 사실 '내가 너보다 더 똑똑해.' '내가 너보다 좋은 방법을 알아.' '내가 너보다 인생을 더 많이 겪었어.'라는 의미를 포함하고 있거든요. 그런 생각이 아니고서야 어떻게 누군가의 소중한 인생에 함부로 왈가왈부할 수 있겠어요? 그런 조언에 상대는 '정말 고마워요. 당신의 조언을 마음에 새길게요.'라고 생각하지 않아요. '왜 계속 아픈 곳을 찌르는 거야? 넌 그렇게 잘났어? 가서 네 인생이나 잘 살아.'라고 생각한답니다.

5. 선을 넘는 과도한 참견의 관심 표현

평소에 우리가 '잔소리'라고 부르는 방식의 조언이에요. 보통 잔소리라고 하면 부모님이 자식에게 하는 일종의 '특권'이라고 생각하는 사람들이 많아요. "아들! 수염 좀 깎아라. 너무 지저분해 보인다."

"딸! 밥 잘 챙겨 먹고 다녀라. 살 뺀다고 그렇게 굶었다간 뉴스에 나오는 것처럼 갑자기 쓰러져!" 그런데 이런 참견은 사실 다른 메시지를 담고 있어요. "사실 나는 네가 잘할 수 있다고 믿지 않아." "나는 네 방법이 옳지 않다고 생각해."

혹시 반려자에게 이렇게 말해 본 적 없나요? "물건 좀 제자리에 놔. 몇 번을 말해? 그래야 다음에 잘 찾을 거 아냐!" 어쩌면 친구에게 이런 말을 해 본 적 있을 거예요. "너 머리 염색 좀 해야겠다. 보기 흉해." 혹시 동료에게는 이런 말 해 본 적 없나요? "뭐야? 아직도 퇴근 안 했어? 아기가 유치원에서 너무 오래 기다리잖아. 불쌍해라."

겉으로 보기에는 선의에서 나온 참견으로 보이지만 사실 이건 경계를 넘은 '침범'과도 같아요. 타인이 자기 일을 알아서 잘 처리하지 못할 거라는 불신에서 비롯한 조언이기 때문이죠. 따뜻해 보이는 관심이지만 실은 상대의 계획을 망가뜨리고 마음에 혼란을 가져오는 조언이기 때문에 삼가야 해요.

입에 '재갈'을 물고
상대의 말을 경청하라

지나친 관심은 상대의 마음을 불편하게 한다는 사실을 이제 알게 되었습니다. 그러면 고민이 하나 생겨요. '대체 어떤 방식으로 관심을 표현해야 하지?'

정답을 알려 줄게요. 혹시 재갈을 아시나요? 말의 주둥이에 물리는 도구로 입을 막거나 혀, 입술, 턱을 움직이지 못하게 해서 행동을 제어하는 도구입니다. 우리 입에도 '재갈'을 무는 거예요. 대신 귀를 여는 거죠. 경청한다는 것은 곧 상대를 허용한다는 뜻이기도 합니다. 지금 무엇 때문에 힘든지, 무슨 생각을 하는지, 어떤 부분에서 도움이 필요한지 등을 잘 들어 주세요. 상대방의 입장에서 그 사람의 필요를 채워 주도록 하세요. '관심'이라는 가면을 쓰고 나 중심의 필요를 채우지 말고요.

상대에게 많은 질문을 하면 그 사람에게 관심이 있는 것 같지만 사실 그건 자기 안의 '관음적 욕망'을 채우기 위한 수단이에요. 본인이 알고 싶은 걸 계속 물어보는 거죠. 자신의 무력감을 상대에게 투영시키는 것 역시 관심이 아닌 자기만족이에요. 조언과 질책은 '관심의 탈'을 쓴 나르시시즘이고, 선을 넘는 과도한 참견은 통제욕에 해당합니다. 하지만 경청은 달라요. 나의 모든 개인적 욕심을 내려놓고 상대가 누구인지, 무슨 생각을 하는지 전심으로 들어 주는 행위니까요. 그렇다면 경청은 어떻게 해야 하는지 구체적으로 알아볼게요.

1. 들어 주기

가장 간단한 방법은 중간중간 '아!' '그렇구나' '응'과 같은 추임새를 넣으며 상대의 말을 들어 주는 겁니다. 평가하지 않고 말을 끊지 않습니다. 상대가 말을 멈추면 그냥 곁에 앉아 있기만 해도 됩니다. 중요한 건 '관심'이라는 말로 더는 상대를 학대하지 않는 거예요.

2. 상대의 이야기에 관심 표현하기

상대의 이야기에 흥미와 관심을 표현할 수 있습니다. "그래서? 조금 더 얘기해 줘." "그때 네 기분은 어땠어?" "너는 어떻게 하고 싶어?" 그 사람의 이야기에 관심을 표현하는 것 말고 상대의 호감을 더 잘 일으킬 방법이 있을까요? 내가 그의 이야기에 이토록 관심이 있었다는 걸 알면 그 사람도 나를 좋아하게 될 겁니다.

3. 상대의 처지에서 공감해 주는 말하기

상대의 입장에서 이해해 주고 동감하는 표현을 해 주면 상대의 마음이 따뜻해지고 정서적으로 많은 위로를 받겠죠. "남자 친구랑 헤어져서 정말 힘들겠구나." "면접이 뜻대로 되지 않아서 정말 속상하겠다." 그 사람의 입장에서 공감해 주는 표현을 하는 게 좋아요.

결론적으로 누군가에게 관심을 표현하는 방법은 아주 간단해요. '입을 닫는' 거예요. 그렇지만 한 사람에게 진심 어린 관심을 주는 건 쉽지 않은 일이에요. 먼저 나를 내려놓아야 하고 그 사람이 자신을 드러내도록 허용해야 하거든요. 그래서 저는 이렇게 사심 없이 무조건 베푸는 사랑과 관심을 '위대하다'는 말 말고 어떤 말로 표현해야 할지 모르겠어요.

'관심'이라는 가면을 쓴 가짜 소통

구체적인 증상

'사랑'이라는 명목으로 다음과 같은 관심 표현은 상대를 불편하게 한다.

1. 상대에게 걱정과 불안을 남기는 관심 표현

2. 자신의 비관적 세계관을 상대에게 투영하는 관심 표현

3. 상대를 탐문하기 위해 미끼를 던지는 관심 표현

4. 나르시시즘 충만한 조언을 하는 관심 표현

5. 선을 넘는 과도한 참견의 관심 표현

1. 들어 주기: '응' '그렇구나' '아!'와 같은 간단한 추임새만 넣어도 충분하다.
2. 상대의 이야기에 관심 표현하기: "조금 더 얘기해 줄 수 있어?" "그때 네 기분이 어땠어?" "그래서 넌 어떻게 하고 싶어?"
3. 상대의 처지에서 공감하기: "남자 친구랑 헤어져서 정말 힘들겠구나." "면접이 뜻대로 되지 않아서 정말 속상하겠다."

추천 도서

- Rowland S. Miller, 『Intimate Relationships』, McGraw-Hill, 2019

10

점심에 마라탕 먹으러 갈까?

그래! 나는 다 좋아.

아, 어제 저녁에도 마라탕 먹었는데….
게다가 그 집은 정말 맛이 없단 말이야.

나는 늘 다른 사람 생각에 맞춰 주며 살았는데,
왜 점점 사랑받지 못하는 느낌이 드는 걸까?

당신을 희생하면서 다른 사람을
도덕적 잣대로 판단하지 말자.
당신을 어떻게 사랑해 줘야 하는지
다른 사람에게 알려 주도록 하라.
당신에게는 '진짜 나'의 모습으로
'진짜 사랑'을 받을 권리가 있다.

이것이 바로 타인을 향해 마땅히 해야 할 의무이다.

타인의 세상에 나를 끼워 맞추는 가짜 희생

사람들에게 맞추면 맞출수록
비참해지는 나 자신

"오늘 점심 마라탕 어때?"

"그래. 난 다 좋아."

점심시간에 뭘 먹을지 고민하는데 마라탕을 먹자는 동료에게 저는 또 괜찮다고 말해 버렸습니다. 사실은 전날 저녁에도 마라탕을 먹어서 그렇게 먹고 싶지 않았는데 말이에요. 게다가 동료가 말하는 그 마라탕집은 맛도 별로인데 가격만 비싼 곳이었어요.

"저기 미안한데, 혹시 1층 내려가서 나 대신 택배 좀 받아 줄 수 있어? 내가 지금 자리 비우기가 어려워서."

동료가 수화기를 내려놓으며 미안한 표정으로 묻더군요. 어떻게 했냐고요? 오케이 했죠. 하지만 내려가는 길에 조금 화가 났어요. 저도 할 일이 많았거든요. 저는 업무에 방해가 될까 봐 한 번도 개인 택배를 회사로 시켜 본 적 없어요. 아니, 그 잠깐 자리 비우기도 어려운 사람이 왜 택배 수신처를 회사로 하냐고요. 애초부터 다른 사람한테 부탁할 생각 아니었을까요?

"큰딸! 잘 지내지? 아휴! 엄마가 하도 속이 상해서 전화했어. 오늘 뉴스 보니까 여기저기에 호우주의보가 내렸더라. 산사태 주의해야 한다고 난리던데 네 동생은 꼭 이런 날 트래킹인지 뭔지를 간다잖니? 하필이면 이런 날 산에 갈 게 뭐야? 네 동생은 어쩜 그렇게 철이 없을까?"

"그러게요. 맞아요."

전화를 끊고 생각했어요. 사실 이번 주말에 동생과 트래킹을 가려고 계획 중이었거든요. 하지만 엄마와 이렇게 통화까지 했는데 차마 그럴 수는 없었어요. 저까지 부모 속을 썩이는 철없는 딸이 되면 안 되잖아요.

"자네는 왜 내 말에 고개만 끄덕이는 거야? 그저 네, 네. 그 말 외에 다른 말은 할 줄 모르나?"

상사의 지적 앞에서 저는 다른 할 말이 없었습니다. 얼굴이 화끈거렸어요.

"하하! 그러게요! 죄송합니다."

멋쩍은 웃음을 지어 보인 후 회의실을 나왔습니다. 억울하기도 하고 화도 났어요. 아니, 그럼 고개를 끄덕이지 가로저을까요? 하지만 그런 말을 할 용기조차 없는 제 자신이 한없이 미웠습니다.
반박은커녕 상사의 말에 동의한 제가 너무 한심하게 느껴졌어요.
저는 어쩜 이렇게 형편없을까요?

경계 없는 대인 관계에서
당신이 얻을 수 있는 건 아무것도 없다

먹기 싫은 걸 솔직하게 말하지 못하고 동료의 난처한 부탁을 거절하지 못하는 당신. 부모님이 걱정하시는 것만큼 세상이 위험하지 않다는 건 알지만 기대에 어긋나는 행동은 하지 못하는 당신. 말도 안 되는 상사의 인신공격과 모독에도 웃으며 대하는 당신. 이 모든 것은 본인의 욕구와 감정을 억누르면서 상대에게 맞추려는 가짜 '자기희생'에서 비롯한 것입니다.

당신은 왜 그렇게 행동하는 걸까요? 간단하죠. 당신은 미움받기 싫은 거예요. 모든 사람에게 '좋은 사람'이 되어 그들이 당신을 좋아하게 만들고 싶은 겁니다. 그런데 당신은 왜 그렇게 다른 사람의 시선을 신경 쓰는 걸까요? 심지어 본인이 하고 싶은 걸 전부 포기하면서요. 아마도 당신은 사랑이 충만한 관계 속에서 내면이 채워지고 행복했던 경험이 있기 때문일 거예요. 그런데 그때도 지금처럼 상대에게 억지로 맞추는 식의 관계를 맺었었나요?

사랑과 인정을 받기 위해 당신은 자기를 희생하는 방식으로 살아왔습니다. 그런데 이상하게 그때마다 당신에게 돌아온 건 '사랑받지 못하는' 느낌이었죠. 사람들은 이미 당신의 양보와 인내를 당연한 듯 습관처럼 받아들이고 있습니다. 당신의 기분과 생각을 무시하는 데 아주 익숙해 보여요. 당신의 희생, 그에 대한 타인의 보답은 오래전부터 '반비례'를 이루고 있습니다. 당신은 자기 살을 도려내며 남에게 맞춰 주는 삶을 살고 있어요.

왜 그럴까요? 어쩌면 당신은 '착한 사람은 보답을 바라지 않는 법'이라고 합리화할 수도 있어요. 하지만 곰곰이 생각해 보면 사람들은 그런 당신에게 감사의 마음을 표현하지도 않고, 당신을 애틋해하지도 않아요. 오히려 당신에게 돌아온 건 '사랑받지 못한다'는 처절한 느낌이죠.

그 이유를 자세히 살펴봅시다. 먼저 당신이 느끼는 희생의 정도와 남들이 체감하는 정도가 일치하지 않아요. 동료는 자기 대신 택배를 가져다 달라고 가볍게 부탁했어요. 당신도 사실 일이 많아서 매우 바빴지만, 그 와중에 어렵게 짬을 내서 다녀왔어요. 그러나 동료의 눈에는 그저 엘리베이터를 타고 내려갔다 올라오는 정도의 작은 수고로 보였죠. 부모님의 마음을 안심시켜 드리기 위해 오래전부터 생각해 왔던 주말 계획을 울며 겨자 먹기로 포기했지만, 부모님은 그 사실을 알 리가 없었죠. 말도 안 되는 이유로 당신에게 화를 내는 상사 앞에서는 차오르는 분노를 힘겹게 꾹꾹 눌렀어요. 험한 말로 되갚아 주지 않았지만, 억울한 마음에 당신은 밤잠을 이루지 못했어요. 그렇지만 상대가 보기엔 당신은 시종일관 미소를 짓고 있었으니 화났다는 걸 짐작조차 하지 못했죠.

당신은 자기희생을 담보로 사람들에게 맞춰 주고 있지만 그들은 당신으로부터 그만큼까지 '얻어 내는' 것이 별로 없다 보니 서로 체감하는 정도에 큰 차이를 보이는 겁니다. 당신은 누군가를 위해 시간을 희생했는데 남이 보기엔 그저 택배 상자 하나 들고 와 주는 것밖에는 안 되는 거예요. 대인 관계는 상호 신뢰를 바탕으로 이뤄집니다. 그러나 당신이 얼마나 상대에게 맞춰 주고 있는지, 그를 위해 얼마나 희생하는지 그 사람은 알지 못해요. 그러니 그에 맞는 보답을 하지 않는 거죠. 그러면 당신의 마음에는 균열이 일어납니다. '나는 사랑받지 못한다'는 느낌 때문에요.

이건 그들이 '은혜도 모르는 배은망덕'한 사람이어서가 아니라, 처음부터 당신이 그만큼 희생할 필요가 전혀 없기 때문이에요. 만일 동료가 당신이 얼마나 바쁜지 알았다면, 그래서 당신이 도와주고 싶은 마음이 없는 걸 알았다면 다른 누군가에게 부탁했을 겁니다. 본인이 직접 갈 수도 있고요. 택배를 대신 가져다주는 그런 사소한 일에 당신이 나서서 '자기희생'까지 할 필요가 전혀 없어요. 만일 부모님이 당신이 주말에 원래 트래킹 계획이 있었다는 걸 알게 된다면 깜짝 놀라서 말씀하실 거예요. "방금 한 말은 그냥 흘려

듣거라. 엄마가 그냥 푸념한 거야. 사실 밖에 나다니는 게 그렇게 무서우면 아무 데도 안 가고 집에만 있어야지. 괜찮아. 조심하며 다니고 잘 다녀왔다고 문자만 넣어 다오." 이렇게 보면 '맞춰 주기 식' 관계 맺음은 나르시시즘에서 비롯한 '자기 감동'인 걸 알 수 있어요. 그래 놓고 상대가 마음을 몰라준다고 원망하면 안 되죠.

두 번째로 당신이 자신의 감정과 생각을 모두 포기한 채 희생하면서 타인에게 맞춰 주는 경우, 그들은 당신을 어떻게 사랑하고 아껴줘야 하는지 절대 알지 못합니다. 어제 먹은 마라탕을 먹기 싫은데도 괜찮다고 말한다면 동료는 당신이 평소에 어떤 음식을 좋아하는지 알 수 없어요. 어쩌면 당신 기분이 안 좋아 보이는 날, 위로한답시고 마라탕을 먹으러 가자고 할 수도 있다고요. 그러면 얼마나 답답하고 짜증이 나겠어요? 그런데도 당신은 하고 싶은 말을 꾹꾹 참으며 미소를 짓겠죠. 동료는 당신 마음의 경계선을 알아차리지 못할 거고, 늘 웃는 당신이 유머를 좋아한다고 착각해 계속 시답지 않은 농담을 던질지 몰라요. 그리고 사람이 많은 장소에서 당신이 마라탕과 농담을 좋아하는 사람이라고 소개할 수도 있죠.

부모님의 지나친 간섭으로 마음이 힘들면서 단 한 번도 그걸 표현해 본 적 없기에 부모님은 영원히 당신의 생각이 자신들과 완전하게 일치하는 '한 가족'이라고 생각할 겁니다. 당신의 의견을 '존중'하는 것도 일종의 사랑이라는 걸 꿈에도 생각 못 하겠죠. 시간이 지날수록 당신 마음엔 절망감과 분노가 차곡차곡 쌓일 거고, 사랑받지 못한다는 느낌이 강해질 거예요. 주변 사람들과 그렇게 오랜 시간을 함께했지만, 당신을 사랑해 주는 법을 알려 준 적이 없으니 서운한 마음이 커질 수밖에요.

이 세상의 모든 사람은 사랑하는 능력을 지녔습니다. 하지만 '천부적'으로 당신을 사랑해 주는 사람은 없어요. 사랑은 무조건적으로 희생하고 양보한다고 얻을 수 있는 게 아닙니다. 오히려 내 생각과 감정을 충분히 표현해야 해요. 당신을 어떻게 사랑해 줘야 하는지 용기 있게 말하고 가르쳐 줘야 합니다.

마지막으로 당신을 희생하면서 다른 사람에게 맞춰 주는 것은 사실 '가짜 자아'의 모습으로 소통하는 것과 같습니다. 그렇게 하면 문제가 생기죠. 누군가 당신이 정말 좋다고 말해도 당신은 그것을 온전히 받아들이지 못합니다. 혹시나 그 사람이 당신의 진짜 모습을 알아볼까 봐, 사실 당신은 마라탕을 먹고 싶지 않았다는 걸 들킬까 봐, 택배를 가져다주는 길에 그 사람을 욕했다는 걸 알아챌까 봐, 부모님 속을 썩이는 딸이 될까 봐, 그리고 그 모든 연기에 넌덜머리가 났다는 게 들통날까 봐 두려워서요. 그 사람들이 좋아하는 게 진짜 당신이 아니라 겉으로 보여 준 '가면'이라는 생각 때문에 남들의 친절과 사랑을 온전히 받아들이지 못하는 것이죠.

타인을 향한
진정한 배려와 존중이란 무엇인가

무조건적인 자기희생적 관계 맺음에서 벗어나려면 다음의 몇 가지 '원칙'을 알아 두는 것이 좋습니다.

1. 무조건적인 희생으로 관계에 불필요한 짐을 지우지 말자

당신의 마음이 내키지 않을 때는 다른 사람의 요청에 대답하지 않아도 좋습니다. 그 사람의 부탁을 들어주기 위해 내 휴식 시간을 포기할 필요는 없어요. 다음에 기회가 될 때 작은 부탁을 들어주면 그만이에요. 다른 사람의 '입맛'을 맞춰 주느라 무조건 양보할 필요도 없어요. 같이 밥을 먹는다는 건 맛있는 음식을 함께 나누고 거기서 즐거움을 누리는 거니까요. 매번 누군가와 꼭 함께 밥을 먹어야 하는 것도 아닙니다. 다른 사람의 기대에 부응하기 위해 내 생각을 모두 포기할 필요는 없어요. 내 삶을 다른 사람이 대신 책임져 주지 않으며 내 인생은 오롯이 내가 살아 내는 거니까요.

2. 나를 어떻게 사랑해 줘야 하는지 다른 사람에게 알려 주자

반려견이나 반려묘를 키우기로 했다면 어떻게 돌보고 사랑해야 하는지 먼저 인터넷을 통해 정보를 알아보겠죠. 사람도 마찬가지예요. 누군가 당신을 사랑해 주길 원한다면 그 방법을 알려 줘야 해요. 사람들이 그걸 저절로 알게 되는 게 아니거든요. 화가 났을 때는 "지금 네 말이 나를 화나게 해."라고 말해 줘야 다음부터 입을 조심할 거예요. 타인의 결정이 별로 마음에 들지 않을 때는 "나는 그렇게 하는 게 좀 불편해. 이번에는 네 말을 따르지만 내 마음이 그렇다는 걸 알아주었으면 해."라고 말하세요. 기분이 좋고 만족스러울 때도 당연히 알려 줘야 해요. "이렇게 하니까 정말 행복하다. 고마워."

3. 진짜 나의 모습으로 진짜 사랑을 받아야 한다

설령 단 한 사람만 당신을 좋아한다고 해도 괜찮아요. 진짜 내 모습을 보여 줘야 해요. 설령 가식적인 내 모습으로 백 명이 나를 좋아한다고 해도 절대 그 속에서 진정한 행복을 누릴 수 없어요. 왜냐하면 그들이 사랑을 주는 대상은 나의 본모습이 아닌 꾸며 낸 가짜 모습이니까요. 사랑을 받고 아니고는 다른 사람에 달려 있는 게 아니에요. 그 열쇠는 내 손에 있어요. 또 그것은 내가 짊어져야 할 권리이자 의무라는 걸 기억해야 합니다.

정리하기

타인의 세상에 나를 끼워 맞추는 가짜 희생

구체적인 증상

남들에게 사랑과 인정을 받기 위해 자기희생의 방식으로 모든 걸 포기하고 타인에 맞춰 살아간다. 하지만 그럴수록 마음의 공허함은 커지고 '사랑받지 못한다'는 느낌이 커진다.

솔루션 _ □ ×

1. 무조건적인 희생으로 관계에 불필요한 짐을 질 필요 없다.
2. 나를 사랑해 주는 방법에 관해 타인에게 알려 줄 의무가 있다.
3. 진짜 나의 모습으로 진짜 사랑을 받을 권리가 있다.

추천 도서

- 화양, 『착하게 사느라 피곤한 사람들』, 송은진, 시그마북스, 2023

11

사람들 앞에서
완벽한 사람이 되고 싶어.

대인 관계에
흠집 하나 남기지 않을 거야.

어제 연차를 냈는데….
동료들이 뭐라고 생각할까?

그날 너무 화려하게 입고 나갔나?
사람들이 뭐라고 생각했을까?

사람들은 내가 생각하는 것만큼
나를 쳐다보지 않는다.
사람들의 시선이 정 의식되면 혼자 속단하기보다
직접 물어보는 편이 훨씬 낫다.

'남들은 나를 어떻게 생각할까?'에 집중하지 말고,
'이렇게 하면 나는 어떨까?'에 집중하라!

지나치게 생각이 많아 삶이 힘든 당신에게

남들의 시선을 지나치게
의식하지 않아도 되는 이유

시간이 갈수록 사람들을 만나는 게 싫어요. 매번 모임에 나갔다가 집에 돌아오면 너무 피곤해요. 사람을 대하는 게 점점 힘이 들어요. 심지어 수치스러운 마음이 들기도 합니다.

왜 수치스럽냐고요? 어제저녁에 친구들과 노래방에 갔어요. 무슨 생각에 그랬는지는 모르겠지만 거기서 저는 〈남행열차〉를 불렀어요. 왜 그런 옛날 노래를 골랐을까요? 음정도 박자도 다 틀리고 분위기도 별로였어요. 친구들이 저를 뭐라고 생각했을까요.

지난번에는 친구들과 카페에 가서 대화를 나누다가 요즘 유행하는 노래 〈아파트〉 얘기가 나왔어요. 그런데 저는 그게 그 옛날 가수 윤수일의 〈아파트〉를 누가 리메이크한 줄 알았지 뭐예요. 그래서 "요즘 아이돌 중에 누가 부른 거야? 우리 아빠도 그 노래 좋아하셨는데. 별빛이 흐르는~ 다리를 건너~." 그랬더니 친구들이 커피를 뿜을 정도로 박장대소하더라고요. "야! 너 진심으로 하는 말이야?" "웬일이야. 너 진짜 그 노래를 모른단 말이야?" 알고 보니 제가 아는 그 노래가 아니더라고요. 쥐구멍이라도 있으면 숨고 싶었어요.

아침에는 부모님께 전화를 걸었어요. 할머니가 몸이 몹시 편찮으시다고 하셨어요. 할머니를 뵈러 가려면 주말밖에 시간이 없었는데, 이번 주말에는 중요한 시험을 앞두고 있었어요. 그래서 먼저 주말에 내려가겠다는 말을 못 했죠. 그게 너무 죄송해서 죄책감이 들었어요. '시험을 포기하고 가야 하나? 하지만 오래전부터 준비했던 시험인데…' 결정도 내리지 못하고 고민만 하다가 하루를 보냈어요.

또 한번은 친구와 주말에 밥을 먹고 영화를 보러 갔어요. 밥을 다 먹고 계산하려는데 갑자기 중요한 전화가 걸려 왔죠. 밖에 나가서 잠시 통화를 하고 들어왔는데 친구가 이미 계산을 해 버린 거예요. 그래서 영화표는 제가 사겠다고 했어요. 그런데 표를 사려는 순간 갑자기 휴대 전화 인터넷이 말썽이었어요. 친구가 혹시 제가 돈을 쓰기 싫어 일부러 그런 것이라고 오해할까 걱정됐습니다. 그래서 저는 다음 날 바로 다시 약속을 잡았고, 고의가 아니었음을 설명하며 작은 선물과 함께 식사도 대접했습니다.

인간관계라는 게 원래 이렇게 피곤한 건가요? 사람을 대하고 친구들을 만나는 게 왜 이렇게 힘든지 모르겠어요.

사람들은 내가 생각하는 것만큼
나에게 관심이 없다

'사람들이 나를 어떻게 생각할까?' 많은 사람이 이 문제 때문에 정신적인 에너지를 소모합니다. 그들은 다른 사람 눈에 자신이 '우수'하고 '친절'하게 비치길 원하지요. 이렇듯 다른 사람의 생각을 끊임없이 추측하면서 행동하는 사람은 인생이 매우 피곤합니다. 잠들 때까지 두 눈을 한 번도 깜빡이지 않고 사람들의 말과 행동을 주시하는 것과 같거든요. 그러나 본인은 정작 자신의 그런 행동 때문에 피곤하다는 걸 알지 못합니다.

당신의 행동은 사랑에 대한 갈망과 자기만족에서 비롯한 것입니다. 당신은 타인 앞에서 '완벽한' 이미지를 갖고 싶어 합니다. 절대로 촌스럽지 않아야 하며 시험에서는 절대로 실수가 없어야 합니다. 착한 자녀가 되기 위해 조금의 욕심도 내면 안 되고 친구 관계에서는 단 한 푼의 빚도 지면 안 됩니다. 그래야만 타인 앞에서 연약한 나의 자존심을 지킬 수 있다고 생각하는 것이죠. 모두 사랑받기 위한 몸부림입니다.

나라는 사람에 대한 정의를 타인의 판단을 기반으로 정한다는 것은 그들에게 마치 '신성한' 의미를 부여하는 것과 같습니다. 어린 아기를 부모가 돌봐 주고 지켜 주듯 그들에게 일종의 '부모'와 같은 의미를 부여해 그 안에서 사랑과 기쁨, 안전감을 누리려고 하는 것과 같은 심리입니다. 이것은 다시 말해 당신이 정서적으로 철부지 어린아이의 상태에서 벗어나지 못한 것과 같다는 뜻입니다.

그렇지만 문제는 그 결과가 당신이 바라는 것과는 많이 다르다는 것이죠. 왜냐하면 '저 사람이 나를 이상하게 볼 거야.'라는 당신의 생각이 거의 '망상'에 가깝기 때문입니다. 이것은 쓸데없는 생각을 지나치게 많이 하는 당신의 잘못된 자기만족에서 비롯한 가짜 노력입니다.

사람들은 당신이 생각하는 것처럼 매일 당신을 떠올리며 뒤에서 험담하고 평가하지 않습니다. "웬일이야! 그런 촌스러운 노래를 부르다니." "아니, 걔는 어떻게 그 노래를 모를 수 있어?" "할머니가 편찮으시다는데, 와 보지도 않고! 너무 무심하구나." 당신은 그들이 당신을 이렇게 욕한다고 생각하지만, 실제로 그들은 당신에 대해 그렇게까지 깊이 생각할 시간이 없습니다. 다들 하루하루를 아주 바쁘게 사느라 정신이 없거든요. 못 믿겠다면 당신의 하루를 생각해 보세요. 누가 얼마나 촌스러운지, 그 사람이 양심이 있는지 없는지를 하루 중 얼마나 생각하시나요? 아마 1~2분? 아니면 아무 생각 없이 그냥 지나가는 날이 많을걸요?

솔직히 말하면 당신이 생각하는 당신을 향한 사람들의 평가는 실제로 그들이 한 게 아니라 당신 본인의 생각인 경우가 많아요. 사람들이 당신을 촌스럽다고 한 게 아니라 당신 스스로 그 노래가 촌스럽다고 생각한 거죠. 누가 당신한테 '불효녀'라고 말한 게 아니라, 할머니가 편찮으신데 시험 준비를 하는 게 죄책감이 들어서 당신이 그렇게 생각한 거예요. 사람들이 당신을 그렇게 보는 게 아니라 당신 마음속에 생겨난 비난과 질책을 다른 사람의 시선에 투영하고 있을 뿐입니다.

다른 사람의 시선을 신경 쓰면서 안절부절못하는 건 사실 '공기'와 싸우는 것과 다를 게 없어요. 쓸데없이 그렇게 많은 생각으로 심신이 피곤해질 지경이라면 당장 그만두는 게 좋아요. 그건 공기와 싸워서 이겨 보려고 허공에 주먹질하는 것과 같아요. 피곤하고 힘든 것도 문제지만, 당신의 자존심이 심각하게 무너진다는 것도 문제예요. 그러니까 대인 관계에 빈번하게 문제가 발생하잖아요. 이건 당신이 바라는 사랑, 당신이 그리는 자기만족과는 완전히 다른 모습이에요.

매일 '저 사람이 나를 어떻게 볼까?'라는 생각을 수없이 한다면 지치지 않을 사람은 없습니다. 거기에 들어가는 '노동량'이 엄청나

거든요. 이것이 당신의 자존심과 대인 관계에 문제를 일으킵니다. 어떤 문제일까요?

먼저 '저 사람이 나를 어떻게 볼까?'라는 질문에 대한 대답이 언제나 부정적입니다. "내가 바보 같다고 생각할 거야." "내가 지루하고 센스 없다고 생각할 거야." 매일 누군가 당신 옆에 딱 붙어서 이렇게 자존심에 상처를 내는 말로 주야장천 공격한다고 생각해 보세요. 진작에 주먹을 날렸을 겁니다. 그런데 그렇게 매일 공격하는 사람이 다름 아닌 자기 자신이에요. 다른 곳으로 숨지도 못하고 반박도 못 하죠. 매일 '완벽'하지 못했던 자기를 질책하고 혼내느라 자존감에 심한 타격을 받습니다. 자존감이 낮아지다 보면 다른 사람이 무심코 던진 한마디, 눈빛 하나에도 존재가 흔들려요. 상처를 받거든요. 결국 자신의 연약함이 관계의 연약함으로 변질되고 사람들 사이에서 늘 본인이 상처받는다고 생각하는 겁니다.

둘째, 자신에 대한 공격과 비난을 다른 사람의 시선을 빌려 대신하는 거죠. 예를 들어 대학을 나오지 못한 사람은 늘 남들이 본인의 학력이 낮아 비웃는다고 얘기해요. 회사 일이 너무 바빠서 가정에 소홀한 사람은 남들이 자기에게 손가락질한다고 생각해요. 무고한 타인을 희생자로 만들고 그들에게 '악인'의 타이틀을 달아 주는 겁니다. 그들은 그게 자기 생각이라는 데는 전혀 동의하지 않습니다. 남들이 나를 미운 눈으로 바라본다고 생각해요. 이렇듯 타인을 못된 사람으로 인식하는데 어떻게 친구가 될 수 있겠어요? 어떻게 그들과 사랑과 우정이 충만한 관계를 맺을 수 있겠어요?

셋째, '진실하지 못한' 당신의 모습은 관계를 무너지게 합니다. 제가 종종 우스갯소리로 하는 말이 있습니다. 두 사람이 만나서 대화를 나눌 때 겉으로 보기엔 두 사람만 있는 것 같은데 실제로는 더 많은 사람이 있는 거라고요. 왜냐하면 내가 우리 상사나 부모님, 동료, 선생님에 대해 이야기하고, 상대방 역시 자신의 상사나 부모님, 동료, 선생님에 대해 말하면서 결국 각자 자신의 이야기를 하게 되기 때문입니다. 그 자리에는 '다른 사람의 생각'이 넘쳐납니다. 없는 걸 꼽으라면 진실한 나와 당신, 둘뿐이에요. 나와 너, 둘이 존재하지 않는 그 자리에서 어떻게 서로에 대한 친밀한 관계를 맺을 수 있겠어요?

타인에 대한 성급한 추측은 멈추고, 나에게 솔직하기

다른 사람의 시선으로 나를 정의하고 타인의 사랑과 인정을 받으려고 할수록 우리의 몸과 마음은 지쳐 가고, 대인 관계는 엉망으로 변합니다. 이제 그 무거운 짐을 내려놓을 때가 된 것 같아요. 진실한 '나와 너'의 관계 속에서 온전한 만족을 누려야 할 때가 왔습니다. 그러기 위해 해야 할 몇 가지를 알아보도록 할게요.

1. 사람들은 내가 생각한 것만큼 나를 신경 쓰지 않는다

앞에서 얘기했던 것처럼 당신은 늘 남들이 당신을 보고 있다고 생각하지만, 사실 그들은 그럴 시간이 없습니다. 이 생각을 시시각각 마음에 새겨야 할 것 같아요. 그것이 혼란스러운 관계 맺음에서 당신을 벗어나게 할 것이며 타인과 분리되지 않은 심리 상태를 깨끗하게 마무리해 줄 거예요. 지금까지는 모든 생각과 행동의 초점을 타인에게 맞추었지만, 이제부터는 그런 생각을 버리세요. 타인과 당신은 독립적인 개체입니다. 그런 생각을 하지 않으면 자신을 바라볼 때 늘 타인을 인식하기 때문에 인간관계가 지저분해질 수밖에 없는 거예요.

2. 다른 사람들의 생각을 함부로 추측하지 않기

남들과 완전하게 분리되어 독립적인 개체로 살기로 했다면 이제부터는 사람들이 당신을 어떻게 생각할 것이라는 성급한 추측을 버려야 해요. 당신은 타인의 몸속에 살아가는 기생충이 아니에요. 그러니 그들이 속으로 진짜 무슨 생각을 하는지 알 길이 없습니다. 당신은 당신이 선택한 노래가 촌스러워서 남들에게 무시당할 거라 생각하지만, 사실 그중에는 지나간 추억을 떠올리는 사람도 있을 거예요. 당신이 요즘 노래를 잘 몰라서 친구들이 흉볼 거라고 생각하지만, 사실 그중에는 당신을 귀엽고 유머러스하다고 생각하는 사람이 있을지도 몰라요. 당신이 아픈 할머니를 뵈러 가지 않아서 가족들이 실망할 거라고 생각하지만, 사실 가족들은 당신이 타지에서 혼자 돈 벌며 생활하는 것이 수고롭고 애틋하다고 생각할 거예요. 그러니 정말로 그들의 생각을 알고 싶다면 혼자 침대에 누워 멋대로 추측하지 말고 직접 물어보세요. "내가 이렇게 하면 어때? 무슨 생각이 들어?"

3. 남이 아닌 내 생각 들여다보기

사실 우리가 진짜로 신경 써야 할 것은 남의 생각이 아니에요.

그보다는 내가 진정으로 원하는 것과 내가 지금 살아가는 문화, 시대적인 가치관 사이에 일어나는 충돌과 문제를 어떻게 해결하는지에 초점을 맞춰야 해요.

어릴 적 부모님이 제 앞에서 둘째 이모 흉을 보며 이렇게 말씀하신 적 있어요. "네 둘째 이모네는 정말 이기적이야. 매번 가족 모임을 할 때마다 한 번도 밥을 산 적이 없다니까!" 그래서 저는 그 후로 생각하게 되었죠. '평소에 호탕한 우리 부모님이 이렇게까지 화를 내시다니. 돈 쓰는 데 인색하면 이런 평가를 받게 되는구나.'

그래서 저는 성인이 된 후로 돈을 쓰는 일이 있을 때마다 아무리 제 사정이 어려워도 인색하지 않으려고 애썼어요. 하지만 사실 세상에 공짜 점심을 좋아하지 않는 사람이 어디 있겠어요? 그래서 저는 내면의 갈등을 많이 겪었죠. 그렇지만 사람들은 저의 이런 갈등을 몰라요. 그저 제가 돈 잘 쓰고 호탕한 사람이라고 생각하겠죠. 그런데 만일 제가 사람들이 나를 인색하다고 평가할까 봐 불안한 마음에 더 돈을 쓰려고 한다면 제 안에 많은 걱정과 내적 소모가 일어나겠죠. 그럴수록 저는 사람 만나는 일이 힘들고 삶이 피곤해질 거예요.

다시 한번 말할게요. 사람들은 일단 당신이 생각하는 것만큼 당신에게 관심이 없습니다. 일단 시간이 없거든요. 하지만 당신은 반드시 생각해 봐야 해요. '나는 왜 남들 앞에서 완벽하길 원할까? 나는 왜 내가 하고 싶은 걸 억누르며 모두에게 친절하려고 애쓰는 걸까? 혹시 어릴 적 부모님과의 상호 작용에서 비롯한 문제인가? 부모님의 가치관을 세상 모든 사람에게 투영하고 있는 건 아닐까?'

사람들이 속으로 무슨 생각을 하는지 우리는 절대 몰라요. 왜냐하면 우리는 서로 분리된, 독립적인 개체이기 때문이죠. 만일 정말로 그 속을 알고 싶다면 용기 내서 물어보면 그만입니다. 하지만 중요한 건 내가 어떻게 생각하는지, 나는 무엇을 원하는지 세심하게 관찰해야 해요. 끊임없이 남들의 생각을 멋대로 예측하지 말고요.

정리하기

지나치게 생각이 많아 힘든 삶의 모습

구체적인 증상

다른 사람 눈에 나는 어떤 모습인지 시시각각으로 확인한다. 남들의 평가과 시선에 지나치게 신경 쓴 나머지 심신이 피곤하고 자존심이 무너져 관계가 악화한다.

솔루션 _ ☐ ✕

1. 사람들은 내가 생각하는 만큼 나에게 관심이 없다는 생각을 마음에 새기자.
2. 남들이 나를 어떻게 생각할지 막무가내로 추측하지 말자.
3. 내가 나 자신을 어떻게 생각하는지 내 마음에 집중하자.

추천 도서

● 에리히 프롬, 『사랑의 기술』, 황문수, 문예출판사, 2019

12

소울메이트를 찾을 거야!

이 사람은 나를 잘 몰라. 패스!

이 사람은 스펙이 떨어져. 패스!

내 운명은 도대체 어디 있는 걸까?

소울메이트는 사랑의 결과이지,
여기저기 헤매며
쇼핑하듯 골라서 만나는 것이 아니다.

"네 장미꽃을 그토록 소중하게 만든 건
네가 그 꽃을 위해 쏟은 시간이야."
-『어린 왕자』중에서

늘 받기만 하는 사랑에 익숙한 당신에게

그렇게 많은 사람 중에
왜 '날 사랑해 주는' 사람은 없을까?

저는 남자 친구는 고사하고 왜 마음 맞는 친구 하나 없을까요? 그런 생각을 하면 절로 한숨이 나옵니다.

S와는 원래 사이가 좋은 편이었어요. 그런데 그 친구는 조금 소극적이라서 매번 제가 먼저 약속을 잡았죠. 만나자고 연락만 하면 늘 오케이하는 친구였지만, 항상 제가 먼저 만나자고 말하기가 조금 힘들더라고요. 혹시 저랑 만나기 싫은데 어쩔 수 없이 나오는 건 아닌가 하는 생각도 들었어요. 그래서 점점 연락이 뜸해졌습니다.

최근에는 Y와 연락을 자주 했어요. 그러던 어느 날, 제가 몸이 안 좋아서 병원에 같이 가 줄 수 없냐고 부탁했더니 바쁘다고 하더군요. 나중에 전화가 와서 정말 미안했다고 말하기도 했어요. 물론 저도 그날 그녀에게 사정이 있어서 올 수 없었다는 걸 알았지만, 그일을 계기로 그녀와 멀어졌어요. 우리 관계가 그렇게까지 신뢰할만한 것이 아니었다는 생각을 지울 수 없었거든요.

R은 참 재미있는 친구예요. 확실히 그녀와 같이 있으면 재미있는 일이 많이 일어나요. 그렇지만 그녀는 제 얘길 잘 안 들어 줘요. 하고 싶은 말이 있어서 전화를 걸어도 제 얘기는 잘 안 듣고 자기 얘기만 해요. 그녀와는 마음을 터놓고 지내는 친구 관계는 안 될 것 같아요.

혹시 제가 너무 까다로운 걸까요? 그래서 계속 남자 친구도 못 사귀고 혼자 지내는 걸까요? 지난달 소개팅에서 만난 남자도 꽤 괜찮았어요. 박사 학위를 받은 사람이었는데 단 하나, 제 의견을 조금 무시하더라고요. 제가 속상한 일이 있어서 털어놓으면 저를 격려하거나 응원해 주는 게 아니라 제가 틀렸다는 식으로 문제를 분석하더군요. 그리고 얼마 전에는 차가 고장 났다고 해서 제가 마트에 데려다주고 집까지 바래다주었어요. 그런데 고맙다는 말 한마디도 없고 수고했다고 커피 한 잔 안 사 주더라고요.

'세상에 완벽한 사람은 없다'는 말에 저도 동의합니다. 그렇지만 완벽하진 않더라도 어쨌든 친밀한 관계 속에서 사랑받는다는 느낌을 느끼고 싶은데 전혀 그런 게 없어요. 혹시 제가 잘못된 건가요? 조금 억울하더라도 제가 참고 넘어가야 하는 건가요? 사랑이든 친구든, 그냥 아무나 만나서 사귀면 되는 걸까요?

'사랑받는' 느낌과 '사랑'은 다르다

사람은 관계 속에서 누구나 한 번쯤은, 아니, 수없이 불만족을 느낍니다. 내가 상대에게 사랑받지 못하고 있다는 느낌을 받기도 하고요. 그걸로 스트레스받으니 차라리 마음에 드는 사람이 나타날 때까지 기다리는 게 좋을 것 같다는 생각을 하기도 합니다. 언뜻 보면 꽤 일리 있는 말이에요.

하지만 여기엔 문제가 하나 있습니다. 세상 모든 사람이 무조건 상대가 나보다 먼저 나서서 연락하고, 날 위해 희생하길 원한다면 관계는 이어질 수 없습니다. 우리는 종종 '사랑받는' 것만이 '사랑'이라고 착각하고 있습니다. 그 이유는 다음과 같습니다.

마음에 드는 친구나 연인을 만나지 못한 것은 아직 '확실한 대상'이 나타나지 않아서라고 믿습니다. 그래서 S를 만나다가 Y로 갈아타고, Y와 친하게 지내다가 R로 갈아타는 거예요. 어쨌든 지구상에 나와 가장 완벽하게 어울리는 사람이 분명히 존재할 거고, 그 사람이 나타나기 전까지 계속해서 '환승'해 보겠다는 심산이지요.

관계에서 '사랑받는 느낌'을 갈망하는 일이 잘못됐다는 말이 아닙니다. 하지만 계속 그렇게 하면 '탈이 나기 마련'입니다. 먼저 모든 관계에 겉핥기식으로 임하게 돼요. 사랑을 주려다가도 멈칫합니다. 깊은 관계가 될 수 없어요. 나에게 맞는 사람이 아니라는 생각이 드는 순간, 주려던 마음을 다시 주워 담거든요.

『어린 왕자』에 나오는 유명한 구절이 있습니다. "네 장미꽃을 그렇게 소중하게 만든 것은 그 꽃을 위해 네가 소비한 시간이란다." 세상에는 수만 송이의 '장미'가 존재합니다. 하지만 나에게 그 사람이 특별한 이유는 그가 '완벽해서'가 아니라 내가 그에게 쏟은 시간과 열정, 정성이 있기 때문이죠. 완벽해서 누군가를 사랑하는 게 아니에요. 완벽하진 않지만 서로 함께하는 과정에서 즐거움과 연대, 사랑의 의미를 키워 가는 거죠.

행복이라는 건 다른 사람과는 크게 관계가 없어요. "네가 나를 사랑하지 않아도 괜찮아. 내가 널 사랑하니까!" 이런 마음가짐이라면 누구와도 즐겁고 깊은 관계를 맺을 수 있거든요.

늘 누군가로부터 사랑받기만을 바라는 사람'은 유아기 상태에 머물러있는 것과 같습니다. 그래서 그들은 타인에게 '무조건적인 사랑'을 갈망합니다. '어째서 저 친구는 내 말에 무조건 따라 주지 않는 거지?' '왜 저 사람은 나에게 관심이 없지?' 이런 심리가 바로 여기서 비롯한 것입니다. 이성적으로는 알죠. 성인의 세상에서는 서로가 서로에게 이익이 되어야 하고 도움을 주는 관계를 맺어야 한다는 걸요. 하지만 마음 깊은 곳에서는 받아들이지 못합니다. 나의 어떠함에 상관없이 저 사람이 나를 무한정 사랑해 주고 아껴 주었으면 좋겠다고 생각하는 겁니다.

유아기에는 부모에게 그런 사랑을 받을 수 있습니다. 그때는 아무것도 할 줄 아는 게 없었지만, 그저 존재 그 자체만으로 부모님께 무조건적인 사랑을 받습니다. 이런 사랑은 시간이 지나도 우리에게 살아갈 힘을 줍니다. 하지만 우리는 모두 유아기를 넘어 성인이 되어야 하고 타인과도 관계를 맺어야 합니다. 부모님이 유아기에 주었던 사랑의 방식을 남들에게 요구할 수는 없어요. 그래서 타인과의 관계에는 조건이 따라붙습니다.

조건부 사랑이 순수하지 못한 것처럼 보일 수 있지만, 다른 각도에서 본다면 이런 사랑이야말로 '예측' 가능하기 때문에 안정감을 줍니다. 무조건적인 사랑은 상대가 언제 어떻게 '회수'할지 모르지만, 조건부 사랑은 해당 조건을 만족하지 못할 경우, 사랑도 끝난다는 걸 알기 때문에 어떻게 행동해야 할지 알거든요.

사람이 대인 관계에서 얻고자 하는 것 중에는 '사랑'이 포함되어 있지만 그게 전부는 아닙니다. 아주 중요한 것 중에 하나가 바로 '존재 가치'입니다. 나의 존재가 타인에게 유용한지 아닌지도 아주 중요합니다. 하지만 '수동적인 유아'에 머문다면 남에게 그런 존재가 되어 줄 수 없습니다. 능동적인 주체가 되어야 다른 사람에게 가치 있는 존재가 되고, 관계가 즐거워질 수 있어요.

  '저 사람이 나를 사랑하지 않는다'라는 생각은 관계를 일종의 '거래'로 생각하게 만들어 진정한 사랑을 경험할 수 없습니다. 자꾸만 계산하게 되기 때문이죠. 친구의 생일에 꽃 한 다발을 선물해 주고 나서는 내 생일에도 그가 무언가 선물로 보답할 거라고 믿습니다. 그렇지만 사실 중요한 건 '꽃 한 다발'이 아니라 서로에 대한 깊은 신뢰와 믿음입니다. 결국 당신에게 사랑은 두 종류입니다. 선물을 받지 못하면 상대가 당신을 사랑하지 않는다고 생각해 크게 실망합니다. 그러나 선물을 준다고 해도 그것을 온전히 누리지 못합니다. 그저 내가 해 준 선물에 비슷한 가격의 것으로 보답해 주었다고 믿을 뿐이죠. 그러니 진정한 사랑을 누릴 리 만무하죠. 도대체당신은 어떻게 해 주어야 진짜 사랑이라고 믿는 걸까요? 당신은 여기에 뭐라 정확하게 대답하지 못합니다.

더는 사랑이 오기만을 기다리는
사람이 되지 않기

사랑을 받고 싶은데 좇을수록 사랑은 더 멀리 도망갑니다. 어떻게 해야 할까요? 그럴 때 우리가 할 수 있는 건 '사랑받고 싶은 갈망'을 '사랑하는 행동'으로 바꾸는 것입니다. 그렇다고 아무나 대충 찾아서 나르시시즘적인 희생을 하라는 게 아니에요. 상대의 사랑을 의심하고 실망하는 무력한 상태에 빠져 있지 말고 먼저 나서서 능동적으로 사랑을 베풀라는 의미입니다.

그렇게 하면 '유구한 사랑'의 의미를 느낄 수 있습니다. 즉, 당신의 내면에도 무궁무진하게 솟아오르는 사랑이 있다는 걸 알고 마음이 풍성해지거든요. 사랑을 기다리기만 하면 시간이 갈수록 결핍만 더해질 뿐입니다.

주는 사람은 풍족해지지만, 받기만 하는 사람은 빈곤해지는 것이 사랑입니다. 나를 진정으로 사랑하고 아끼는 사람이 누구인지 어떻게 알 수 있느냐고요? 그럼 바꿔서 생각해 보세요. 당신은 다른 사람을 어떤 식으로 사랑하나요?

1. 수동적인 상태에서 벗어나 능동적으로 사랑하라

물론 사람을 사귀다 보면 나는 저 사람에게 얼마를 해 주었고, 저 사람은 내게 얼마를 보답했는지 계산할 때가 있습니다. 하지만 그 문제는 고민한다고 해서 해결되지 않아요. 설령 상대방이 당신에게 자신의 사랑을 장담한다고 해도, 설령 당신이 둘과의 관계를 위해 상대가 얼마나 노력하고 있는지 머리로는 다 안다고 해도 마음속 의심을 완전히 해소하기는 어렵습니다.

그럴 때는 솔직하게 스스로 물어보세요. '어떻게 하면 내가 먼저 사랑을 표현할 수 있을까?' 매번 이렇게 물어보고, 생각하고, 행동하면 수동적인 상태에서 벗어날 수 있습니다. '아무렴 어때. 내가 저 사람을 사랑하면서 행복한데!'

2. 모르는 사람을 사랑하라

내가 한 만큼 보답받길 바라는 마음이 있으면 관계 속에서 영원히 만족을 누릴 수 없습니다. 계속 계산하기 때문이죠. 그렇다고 무한정 베풀 수도 없는 노릇이죠. 심각하면 이것은 개인의 생존 문제까지도 연결되니까요. 그러니 충분한 사랑 속에서 진정한 기쁨을 누리려면 먼저 내가 사랑받고 있는지 아닌지를 의심하는 상태에서 벗어나야 합니다.

이를 위한 가장 좋은 방법은 '낯선 사람'을 사랑하는 거예요. 당신이 가족을 사랑하는 이유는 혈육의 정으로 묶여 있기 때문이에요. 당신이 친구를 사랑하는 이유는 당신이 그를 도와준 만큼 도움을 받았기 때문이죠. 그렇지만 모르는 사람의 경우 도움을 주고 기쁘게 해 주어도 보답을 받지 못하죠. 그런데 바꿔 생각하면, 아무런 보상도 바라지 않는 상태에서 낯선 사람도 사랑할 수 있다면 소중한 주변 사람을 사랑하지 않을 이유는 없는 거 아니겠어요?

3. 사랑의 능력을 키우고, 인내하고, 기다려라

다른 사람을 더 '잘 사랑'하려면 사랑의 능력을 키워야 해요. 어떻게 하면 상대가 좋아하는 방식으로 사랑을 표현할지, 어떻게 하면 그 사람의 말을 잘 들어 주고 관심을 줄지, 어떻게 하면 그 사람을 진심으로 이해할 수 있을지 구체적인 방법들을 앞에서 모두 자세히 이야기했어요. 이제 이 '기능'들을 숙지하고 사랑받고자 하는 집념을 내려놓으면 남는 것은 인내하며 기다리는 거예요.

당신의 사랑을 무시하고 당신의 희생을 모른 척하는 사람이 있을지도 몰라요. 괜찮아요. 그건 중요한 게 아니에요. 왜냐하면 당신은 이미 다른 사람을 사랑하는 능력을 지녔기 때문이죠. 당신이 사랑할 줄 아는 사람인데 아직도 당신을 사랑해 줄 사람을 만나지 못할까 봐 두려워하는 건 말이 안 돼요.

씨앗을 심으면 결국에는 싹이 나옵니다. 충분히 인내하고 기다리면 당신의 사랑도 싹을 틔우고 좋은 시절을 맞이할 거예요.

늘 받기만 하는 사랑의 모습

구체적인 증상

'사랑받는' 것만이
진짜 '사랑'이라고 착각한다.

사랑을 갈구하지만
참된 연인 혹은 친구와 같은 운명이
인생에 나타나지 않았다고 믿는다.

'유아기' 상태에 머무르며
누군가 무조건적인 사랑을 주었으면 하는
헛된 희망을 품는다.

사람을 대할 때 늘 계산한다.

솔루션 　　　　　　　　　　　 _ □ ✕

사랑의 능력을 키우는 세 가지 방법

1. 사랑받지 못한다고 느낄 때 먼저 나서서 사랑을 베풀자.

2. 모르는 사람, 낯선 사람을 사랑하는 연습을 하자.

3. 사랑의 능력을 키우고 인내하며 기다리자.

추천 도서

- 쇠렌 키르케고르, 『사랑의 실천 1』, 최정인·윤덕영·이창우, 카리스 아카데미, 2024

PART 3

인지에 관한
당신의 깊은 오해

13

인지 수준을 높여야겠어.
성인聖人들의 진리를 찾아봐야지!

진리는 대체 어디 있는 걸까?

누구는 나를 버려야 한다고 하고,
누구는 나를 지켜야 한다고 하고….
뭐가 뭔지 모르겠어.

진정한 인지의 변화는 외부에 있지 않다.
내면의 견고한 인지의 틀을 무너뜨려야 한다.

문제와 고통에서 출발해
내가 '당연하다고' 생각하는 것을 손보도록 하라.

참지식은 채워 넣는 것이 아니라 비워 내는 것이다

진리에 대한 당신의 깊은 오해

사람들이 그러더군요. 인생은 아는 만큼 보이고, 그만큼 성공하는 거라고요. 그래서 열심히 공부했어요. 인지 수준을 높여 보려고요. 위대한 사람들은 무슨 생각을 했고 또 인생에서 어떤 중요한 결정을 내렸는지 고전들을 찾아서 읽기 시작했습니다.

처음에 선택한 인물은 공자였어요. 누구나 다 아는, 인정하는 성인이잖아요. "군자는 말을 아끼고 행함으로 임한다." 책에 나온 공자의 가르침에 따라 말을 아끼고 열심히 1년 동안 일했습니다. 그런데 연말 상여금은 일을 열심히 한 제가 아니라 남들 앞에서 프레젠테이션을 잘한, 퍼포먼스가 좋은 동료가 받아 가더라고요.

그래서 생각했죠. 『논어』는 너무 오래전 가르침이고 이론 위주

라서 안 되나 보다 하고요. 자고로 '진리'라는 건 시대의 흐름에 맞춰 조금은 '세속적'으로 변해야 하는 것 같았어요. 그래서 이번에는 유명 투자가 찰리 멍거의 『가난한 찰리의 연감』을 열심히 읽었어요. "시간이 아닌 머리로 돈을 벌라. 시간에 기대어서는 절대 돈을 벌 수 없다. 자면서도 돈을 벌고 싶다면 주식을 사야 한다." 얼마나 현실적인 조언입니까? 그래서 가지고 있던 모든 적금을 다 깨서 주식을 샀어요. 어떻게 됐냐고요? 현금이 그만큼만 있었기에 망정이지, 더 있었다면 큰 손해를 봤을 거예요. 괜히 공부 좀 해 보겠다고 했다가 쓸데없이 돈 낭비, 시간 낭비만 했어요.

가만히 생각해 보니 저는 성공할 운명도 아니고, 재물 복도 없는 것 같았어요. 공부 좀 해서 아는 걸 늘려보겠다고 애쓰지 말고 그냥 '좋은 게 좋은 거'라는 생각으로 물 흐르듯 살아 보기로 했어요. 인생이 원래 '공수래공수거'라고, 아무리 애써 봤자 죽을 때는 모두 빈손으로 갈 것 아닙니까. 『금강경金剛經』에도 나오잖아요. "부와 명예와 지위는 결코 사람이 영원히 손에 쥘 수 있는 것이 아니며, 변화하는 것만이 유일한 진리"라고요. 아등바등 성공을 위해 몸부림치면 뭐 하나요. 모든 게 다 부질없는걸요.

결국엔 저도 중요한 진리 하나를 깨달았어요. 아는 만큼 성공한다는 말은 다 거짓이라는 걸요. 인지 수준을 높여야 한다고요? 아니에요. 그건 다 돈을 벌기 위해 사람들이 만들어 낸 상술에 불과했던 거예요.

내면에 견고한 담을 쌓고
밖에서 진리를 찾으려 애쓰는 당신에게

맞아요. 세상은 아는 만큼 보이죠. 그런데 당신은 '앎'을 꼭 '대단한 진리'여야만 한다고 생각하는 것 같아요. 그 진리를 찾아 여기저기 헤매며 노력했지만, 삶이 나아지기는커녕, 오히려 혼란스러워진 것 같네요. '차라리 소박하게 살았더라면 하루하루를 충실하게, 맡은 일에 최선을 다하면서 주변 사람을 사랑하며 살았을 텐데.' 하는 후회를 하고 있군요. 공부를 하면 할수록, 인지 수준을 끌어올리면 올릴수록 삶이 고상해지기는커녕 엉망으로 변하는 것 같아 모든 게 원망스러운 시간을 보내고 있는 듯하네요.

인지 수준을 올리는 건 물론 중요해요. 때로는 그것이 실제로 우리 인생의 성패를 좌우하기도 하죠. 그런데 과연 인지 수준이 높다는 건 무슨 의미일까요? 우주의 신비를 깨닫거나 인생의 절대적인 진리를 깨우치는 걸까요? 아니에요. '고정적인 인지'의 틀을 깨뜨리는 것, 세상이 원래 내가 생각했던 것과는 다르다는 걸 인식하는 것

인지에 관한 당신의 깊은 오해

이 바로 진정한 '인지'입니다. 다른 말로 하자면 단단한 고정 관념에서 벗어나는 것, 새로운 세계관을 받아들이는 것이 바로 '참인지'입니다.

예를 들어 볼게요. 20년 전까지만 해도 친구들과 밥을 먹으러 가면 더치페이는 말도 안 되는 일이었어요. 누가 꼭 나서서 '총대'를 메야만 했죠. 각자 먹은 걸 각자 낸다? 그러면 아마 평생 친구 한 명 없이 살아야 했을 겁니다. 하지만 지금은 누구든 더치페이를 해요. 친구는 물론이고 부부, 혹은 부모와 자식 간에도 더치페이를 합니다. '아! 그렇구나!' 이러한 상태를 인지하는 것이 바로 진정한 '인지'라고 할 수 있습니다. 더치페이가 무조건 좋다는 게 아니에요. 요즘 문화가 그러니까 끝까지 그걸 견지해야 한다는 게 아닙니다. 인간관계에 더치페이가 존재할 수도 있다는 것, 그래서 무조건 누가 나서서 밥값을 내야만 한다고 생각했던 관념의 틀이 무너지는 것이 바로 '참 인지'입니다.

쉬운 예를 또 들어 볼게요. 제가 어릴 때부터 성인이 될 때까지 줄기차게 부모님께 지적받은 무언가가 있다고 가정해 봅시다. 그래서 저는 늘 제가 부족하고, 사랑받을 자격이 없다고 생각했어요. 그 결과 타인에 대한 경계심이 강하고 불신이 가득한 어른으로 자랐죠. 그러던 어느 날, 한 여자아이가 부모님께 혼이 나고 속이 상해 울면서 학교에서 나오는데 아이의 엄마가 따뜻하게 안아 주면서 말하는 걸 봤습니다. "괜찮아. 힘들었지? 속상했겠구나. 걱정 마. 엄마가 옆에 있어 줄게." 저는 너무 놀랐어요. 그리고 생각했죠. '아! 그렇구나! 이것이 인지 수준의 향상이구나!'

저는 알게 되었어요. 불행히도 나의 가정에 그런 일이 일어난 것일 뿐, 세상에는 따뜻한 사람이 많다는 사실을요. 그러니 누가 나를 질책하거나 화낸다고 해서 그들이 나를 버릴 거라는 생각에서 벗어나게 되었습니다. 더는 그런 의미의 사랑을 갈구하지 않아도 되었죠. 그렇게 제 사고의 틀이 넓어졌습니다. 완벽하지 않아도 저는 충분히 사랑받을 자격이 있다는 사실을 믿게 되었어요. 그렇게 성장하고 치유되었습니다.

인지 수준의 향상이라는 것은 외부 세계에서 어떤 심오한 진리를 깨달아 터득하는 것이 아닙니다. 나의 내면에 견고하게 진을 친 생각의 틀을 깨뜨리는 것을 말해요. 대체 누구의 이론이 맞는 것인지 논쟁을 벌이는 게 아니라 다양한 각도로 문제를 바라봄으로써 마음의 편안함을 누리고 다른 사람을 더 사랑하고 포용하게 되는 거예요.

그래서 저는 진리를 찾는 과정과 인지 수준을 향상하는 두 행위에 '등호'를 매깁니다. '배움이란 매일 채우는 것이고, 도란 매일 비우는 것이다爲學日益, 爲道日損'. 노자의 『도덕경』에 나오는 가르침입니다. 배움이란 것이 그래요. 매일 배워도 끝이 없습니다. 인지 수준을 향상하는 과정이 그러합니다. 매일 다른 사람과 문화, 사고방식을 접하면서 내 세계관을 넓혀 가는 것이지요.

여기서 중요한 건 '채우는 게' 아니라 '비워 내는 과정'입니다. 우리가 많이 배우고 공부하는 이유는 수백 개의 '진리'로 나를 무장하려는 게 아니에요. 사람에 대한, 일에 대한, 세상에 대한 나의 고정 관념을 깨부수고 세상에 '절대적인 건 없다'라는 걸 깨닫기 위함입니다. 그러면 누구를 만나더라도 천하를 얻을 수 있습니다. 더는 누군가를 볼 때 색안경을 끼지 않고 매일 '비워 내는' 자세로 임하게 되기 때문이죠. 자신만의 견고한 고정 관념에서 벗어난 사람의 변화는 그야말로 무한하고 무쌍합니다.

외부 세계로부터 영향받는 것을
허용하기

별로 어려운 게 없어 보이죠? 사실 인지의 지평을 넓히려면 책을 사서 읽을 필요도 없어요. 그냥 내면의 고정 관념을 깨뜨리면 그만이거든요. 그런데 그거 알아요? 책을 사서 읽고 성인들의 가르침을 믿기는 쉬워요. 권위 있는 인물이나 기관의 조언대로 행동하기는 어렵지 않아요. 그런데 내 안의 견고한 인지의 틀을 깨부수기는 정말 쉽지 않습니다. 그래도 다행인 건 우리가 무슨 일을 시도할 때는 그게 쉬워서 하는 게 아니라는 거죠. 정말 우리에게 도움이 되기 때문에 하는 거잖아요.

1. 내가 생각하는 '당연함'을 발견하기

고정 관념을 깨뜨리고 싶다면 가장 먼저 당신이 믿는 '당연함'부터 차근히 돌아보아야 합니다. 어디서, 어떻게 발견하냐고요? 가장 골치 아픈 문제부터 시작하면 돼요.

예를 들어 볼게요. '이렇게 힘들게 일하는데 대체 왜 돈을 못 모으는 거지?' 정말 어렵고도 속상한 문제죠. 그러니 여기서부터 시작하자고요. 그런 다음 돈에 관해 당신은 어떤 '당연한' 생각을 하는지 살펴볼게요. 가령 당신은 '당연히 절약과 저축을 통해 부를 쌓을 수 있다'고 믿는다고 칩시다. 그런데 정말 그게 '당연한' 일일까요? 주변에 돈을 많이 모은 사람을 잘 관찰해 보세요. 아니면 부자들이 쓴 저서를 읽으면 쉽게 알 수 있는 한 가지가 있어요. 돈을 모을 줄 아는 사람은 돈을 쓸 줄 아는 사람입니다. 무조건 아끼고 모은다고 되지 않아요.

자, 그런데 여기서 당신의 고정 관념으로 돌아가면 안 됩니다. '그 사람들은 원래부터 돈이 많으니까 쓸 줄 아는 거지! 그래도 사람은 근검절약해야 해.' 기억하세요. 어렵게 당신의 고정 관념 하나를 찾아서 인지 수준을 넓힐 기회를 찾았는데 그걸 놓치지 마세요. 각도를 바꿔 보세요. '어쩌면 근검절약으로 부를 쌓을 수 없을지도 모른다'는 생각을 해야 해요. 그러면 '무조건 돈을 아끼는 것만으로 부자가 되는 건 아니다'라는 생각이 들고, 이어서 '돈으로 나의 시간을 사는 법을 배우고 그 시간으로 가치를 창출하면 돈을 모을 수 있다'라는 생각을 할 수 있어야 합니다. 이것이 바로 부자들의 사고방식이에요.

인지 수준이 높아졌죠. 이것은 '진리'와는 아무런 관계가 없습니다. 실질적이고 현실적으로 당신의 문제를 들여다본 것뿐이에요. 물론 그렇다고 해서 당신이 갑자기 똑똑해지거나 삶에 큰 변화가 일어나지는 않겠죠. 하지만 생각의 변화는 삶의 변화를 천천히 이끌어 냅니다.

이번에는 관계로 예를 들어 볼게요. 매번 지나치게 잔소리를 쏟아 내는 부모님에게 그래도 자식 된 도리로 다투고 싶지 않아서 당신은 아무런 말도 하지 않고 참았습니다. 그런데 어머니가 그러는 거예요. "다 컸다고 이제 부모를 무시하는 거냐! 나랑 말도 섞기 싫다는 거야?" 여태 참으며 살았는데 부모님은 당신의 마음도 몰라주고 원망합니다. 문제죠. 얼마나 당신 마음이 힘들겠어요. 그렇지만 걱정하지 말아요. 인지 향상의 기회입니다. 당신은 자신을 표현하는 데 어떤 고정 관념을 가졌나요? '부모님의 잔소리에 불만을 가지면 불효'라는 생각인가요? 부모님에게 말대답을 하면 큰 상처를 줄 것이기에 굳게 입을 닫고 있나요? 그런데 정말 그럴까요? 어머니는 그렇게 생각하지 않는 것 같아요. 그러면 어떻게 해야 할까요? 당신의 그 고정 관념을 어떻게 무너뜨려야 할까요? 문제의 핵심이 뭘까요?

대화 혹은 소통과 관련한 책을 사서 읽어 봐도 되고 부모님과 새로운 방법으로 소통을 시도할 수도 있습니다. 그러면 알게 될 거예요. "엄마, 사실 엄마 잔소리가 저를 너무 심란하게 만들어요." 그러면 어머니는 화를 내기보다는 마침내 당신이 침묵으로 '반항'하지 않고 원하는 걸 말해 줬다는 생각에 안심할 거예요. 그렇게 당신의 인지는 넓어집니다. 불만을 표시한다고 관계가 망가지지 않는다는 것, 때로는 침묵과 인내가 오히려 관계에 무책임한 태도라는 사실을 새롭게 깨닫는 것이죠.

2. 경험의 창을 활짝 열어젖혀라

그럼 다시 본론으로 돌아가 볼게요. 산다는 것은 본래 인지를 넓히는 과정입니다. 매일 타인과 소통하고 어제와는 다른 일을 경험하는 이 모든 과정에 인지를 넓힐 무한한 기회가 숨겨져 있거든요. 문제는 당신이 이런 경험에 자신을 내어 주지 않는다는 것입니다. 자신의 인지 안에 갇혀서 문을 꼭꼭 걸어 잠근 채로요.

잠깐 1층에 내려가 물을 사고 집으로 올라오는 엘리베이터 안에서 옆집 아저씨를 만났습니다. 큰 배낭을 짊어지고 엘리베이터에 오른 그는 이제 막 기나긴 유럽 여행을 마치고 집에 돌아오는 길이었어요. 당신은 속으로 생각했습니다. '어떻게 저럴 수 있지? 가족들은 어쩌고 자기만 좋자고 저렇게 여행을 다녀?' 당신은 그와 이야기 나눌 새도 없었습니다. 아니, 나누고 싶은 생각도 없었죠. 그가 다녀온 세상의 이야기를 들으며 당신의 인지를 넓히기보다는 자신의 고정 관념으로 그를 정의하고 판단했습니다. '저 남자는 분명히 희생정신이 눈곱만큼도 없는 사람일 거야. 지금 아들딸에게 얼마나 아빠가 필요한 시기인데, 혼자만 여행을 다니는 거지?'

또 다르게 생각해 봅시다. 당신은 농담을 싫어해요. 사람들이 일부러 당신을 상처 주기 위해 던지는 말장난이라고 생각하거든요. 그날 점심시간에도 그랬어요. 옆 테이블에 앉은 커플은 계속 농담을 주고받으며 하하 호호 쉬지 않고 웃어댔습니다. 그러면서 서로에게 키스와 포옹을 아끼지 않았어요. 원래는 그 모습을 보며 인지를 넓힐 수도 있었습니다. '원래 저렇게 농담을 해도 서로에게 상처 주지 않을 수 있구나. 힘들겠지만 이해해 보려고 노력해야겠어.' 그렇지만 당신은 그렇게 하지 않았어요. 고정적인 신념으로 방어 태세를 취했죠. '어떻게 저런 식으로 연인끼리 농담 따먹기를 하지? 두고 봐. 쟤들은 1주일도 안 돼서 헤어질 거다!'

어째서 당신은 그렇게 생각하는 걸까요? 왜 경험의 창을 열어 주지 않는 걸까요? 왜 고정적인 사고방식에 자신을 가두는 걸까요? 미국의 유명한 정신의학자 해리 스택 설리번H. S. Sullivan은 이렇게 말합니다. "인간이 경험의 창을 열지 않는 이유는 현실 속에 일어나는 일을 재정비하여 더 나은 삶을 살길 거부하기 때문이다. 그것은 어린 시절부터 형성된 일종의 자기방어 기제에 해당한다. 기존의 인지 방식을 버리지 않는 이유는 그 방어 기제로 자신을 보호하려 하기 때문이다."

이런 각도에서 보면 당신은 '인간은 반드시 가족을 위해 희생해야 한다'라는 생각으로 가족들의 비난과 질책에서 벗어나려는 것입니다. '농담을 좋아하는 사람은 악의를 품고 있다'라는 생각으로 자존심이 상처받는 일에서 멀어지려는 것이죠. 겹겹이 둘러싼 견고한 자기방어의 성벽 너머에는 지독한 불안과 공포, 지친 마음이 숨겨져 있을 겁니다.

하지만 성장이란 본래 '부모의 비호'에서 벗어나 용감하게 현실 세계를 마주하는 과정입니다. 인지 역시 경험이라는 세상에 나를 던져 외부 세계로부터 마음껏 영향을 받도록 허용하는 것 아닐까요?

정리하기

비워 내지 않고 채우려고만 하는 당신

구체적인 증상

진리를 찾아 헐떡이기만 할 뿐,
내면의 견고한 인지의 틀은
유지하려고만 한다.

솔루션 _ □ ×

1. 문제와 고통에서 시작해 내가 '당연하다'고 생각하는 것을 발견하라.
2. 경험에 내 마음의 창을 열어젖히고 외부 세계로부터 영향받는 것을 허용하자.

 **추천 도서**

● 천자잉, 『사람은 왜 도덕적이어야 하는가』, 이지은, 사람in, 2017

14

나는 세상의 룰을 따를 거야!
그래야 삶이 안정적이지.

세상의 모든 일은
세 가지로 나눠서 생각해야 해.
'왜냐하면' '그래서' '반드시'.

그런데 대체 왜 삶은
내가 생각한 논리대로
흘러가지 않는 걸까?

진정한 지혜란 세상이 어떻게 변하든
의연한 자세로 순응하는 것이다.

내가 원하는 대로 세상이 변하지 않는다고
실망하지 말자.
당신의 삶에, 타인의 삶에 'YES'라고 말해 보자!

자꾸만 세상에
'질서'를 부여하려는 사람들

나 아닌 다른 사람을 모두
한심한 눈으로 보는 당신에게

"순 사기꾼이야. 절대 거기 가서 물건 사지 말아요."

"아주 도둑놈이라니까? 왜 그렇게 비싸게 파는지 몰라."

가끔 대화를 나눌 때 상대가 한심하게 느껴질 때가 있습니다. 어쩜 그렇게 아무 생각 없이 사는지 얘기를 듣다 보면 숨이 턱턱 막혀 오는 것 같은 느낌이에요. 그렇다고 그 사람과 논쟁을 하자니 시간 낭비 같고, 잘못된 걸 바로잡아 주자니 에너지 낭비인 것 같아 가만히 있을 때가 많아요.

얼마 전에는 회사에서 한 동료가 회사 규정을 심각하게 위반해서 징계를 받았습니다. 그걸 두고 사람들이 말이 많았어요. 회사가 너무 했느니, 그렇게까지 할 일은 아니라느니, 동료를 조금 봐줬어야 한다느니 등등.

이해되지 않았어요. 사실 회사에 규정이 존재하는 이유는 사람을 잘 관리하기 위함이 아닌가요? 직원들이 회사가 원하는 걸 잘 따르게 해서 최대의 수익을 올리는 게 목표잖아요. 그런데 거기에서 떠나 그 사람이 안 됐느니, 회사가 인정이 없다느니 운운하는 게 너무 한심해 보이더라고요. 제가 너무 차가운 건가요?

"너무 불공평해. 내가 개보다는 백배 더 예쁜데 어떻게 그렇게 시집을 잘 갈 수 있지?"

이렇게 원망하는 친구의 말에는 대체 어떤 반응을 보여야 할지 모르겠어요. 억울해하니까 친구 얼굴을 보면 동정심이 생기긴 하지만, 너무 당당하게 얘기하니 듣는 제가 민망해요.

수준이 낮아도 다들 너무 낮지 않은가요? 사실 저처럼 이성적인 사람들 눈에는 그 사람들 생각이 납득이 안 돼요. 정확한 논리도 없고 맥락도 없고…. 세상의 모든 일에는 인과 관계가 있는 법이죠. 누군가 잘못을 했으니까 문제가 일어나는 거 아닌가요? 잘못했으면 마땅히 벌을 받아야 하고요. 이렇게 정확한 논리로 생각하면 어려울 게 없는데 다들 왜 답답하게 생각하는지 모르겠어요.

틀에 갇힌 이성적인 논리로
삶의 질서를 바로 세울 수 있을까?

1. 문제를 절대화해서 생각하는 이유

왜 당신은 'A 아니면 B'라는 이분법적 사고로 문제를 볼까요? 그래야 주변 상황을 쉽게 '통제'할 수 있거든요. 예측하기 어려운 요소를 아예 제거하려는 거예요. 그렇게 두려움을 없애고 불안정한 요소를 제거함으로써 주변 환경이나 상황을 자신의 의도대로 조절하려는 것입니다.

이런 사람들은 상황을 쉽게 통제하기 위해 자기만의 절대적인 기준과 질서를 확립합니다. 그리고 그 절대화된 질서로 사람을 대하고 세상을 바라보며 자신이야말로 '수준 높은' 사람이라고 말하지요. 그러나 사실은 그 반대입니다. 이분법적인 논리로 세상을 바라보면 도리어 삶을 통제하기 어렵습니다. 오히려 어지러운 삶의 패턴 속으로 들어가게 되는 것입니다.

대표적인 예를 들어 볼게요. '사람은 이기적이거나 이타적이거나 둘 중 하나'라고 생각하는 사람들이 있습니다. 그들은 '타인을 돌보지 않는 사람은 이기적이지만 타인을 위해 자신을 희생하는 사람은 아주 성숙한 사람'이라고 말합니다. 즉, 무조건 'A 아니면 B'라는 이분법적 사고를 합니다. 이런 식으로 대화를 나누면 상대가 부탁을 거절하기 힘들어요. 그 부탁을 거절하는 순간 매우 이기적이고 나쁜 사람이 되는 것 같은 느낌이 들기 때문입니다. 하지만 알다시피 인간이란 '이기적' 혹은 '이타적'이라는 두 단어로 표현할 수 없는 매우 복잡한 존재입니다. 결국 그들은 타인의 심리를 조종해서 자신의 요구와 부탁을 들어주게 하려고 인간의 특성을 단 두 가지 유형으로 나눠 버리는 것입니다.

다른 예를 들어 볼게요. 대인 관계 속에서 종종 나타나는 현상 중 하나가 '감정 전이'입니다. 심리학에서 '감정 전이'는 환자가 과거 상황에 느꼈던 특정한 감정, 혹은 날 때부터 무의식에 새겨진 정서를 현재의 다른 대상에서 다시 체험하는 것을 말합니다. 가령 어릴 적 부모님이 특히나 엄격했던 사람들은 자신의 상담사 역시 매우 엄격한 사람이라고 생각해 그 앞에 서면 마음이 불안해집니다. 그런데 이러한 '감정 전이'는 상담실 안에서만 아니라 일상생활 곳곳에서도 발견할 수 있습니다.

아무리 좋은 아이디어가 있어도 팀 리더에게 말하지 못하는 사람은 어릴 적, 자신의 생각이나 아이디어를 말할 때마다 부모님의 지적과 비난을 받았기 때문입니다. 비록 회사 상사이지만 현재 상황에서는 본인에게 권위 있는 대상이므로 그에게 감정을 전이해서 입을 열지 못하는 것이죠. 같은 이치로 여기서 만일 문제를 절대화하는 인지적 오류가 작동하면 '권위 있는 대상은 모두 나의 부모님과 같다'라고 생각하는 것입니다. 다른 의미에서 보면 상사에게 '욕 먹지' 않고 평정심을 유지하기 위해 '절대화'의 시각으로 인식하는 것이라고 할 수 있습니다.

문제를 절대화해서 인식하는 이유를 사고 능력이 부족하거나 교육 수준이 낮기 때문이라고 생각하지만, 사실 이것은 세상과 타인을 지배하고 싶은 통제욕에서 비롯한 결과입니다. 첫 번째 장에서 살펴보았듯 인간의 의지력이란 무언가를 새롭게 터득하는 것이 아니라 비워 낼 때 비로소 충분히 발휘할 수 있습니다. 여기서 말하고 싶은 것도 똑같아요. 인지 수준을 높이려면 무언가를 더 발휘하고 터득하는 것이 아니라 내려놓아야 합니다.

어떻게 하느냐고요? 간단합니다. 세상에 대한 통제욕을 내려놓으면 됩니다. 구체적인 방법에 관해서는 뒤에서 다루도록 할게요. 먼저 주변 상황을 통제하고 마음대로 주무르고 싶은 마음에 범하는 잘못된 인지에 관해 알아보도록 하겠습니다.

2. '~이다'에서 '반드시 ~이다'를 도출하는 이유

인지 수준이 낮은 사람들은 일종의 강력한 논리 체계를 지녔습니다. 즉, '~이다'에서 '반드시 ~이다'라는 결론을 도출해 내는 것입니다. 당신이 말했던 상황을 예로 들어 볼게요. "회사 규정이 이러하니 모든 사람은 반드시 이를 엄격하게 이행해야 한다." 회사의 규정이라는 것도 결국은 사람의 머리에서 나온 것입니다. 그것을 지키느냐 마느냐, 어느 정도까지 지키느냐에 관한 것은 '타협'이 가능한 게임과도 같습니다. 그런데 당신은 자신을 그 규정 안에 완벽하게 제한합니다. 즉, 당신은 누군가가 정한 규칙을 내가 함부로 어쩔 수 없으니 엄격히 이행해야 한다고 생각합니다. 그렇게 '규칙'과 완벽하게 '동일한' 입장을 취함으로써 어느 정도 '규칙'에 대한 통제감을 누리는 것입니다.

사람의 머릿속에는 무수히 많은 생각과 논리가 존재합니다. 그런데 당신은 하나의 원칙만을 고수하죠. "모든 사람에게 반드시 선량하게 대해야 한다." 혹시 농부와 뱀 이야기를 아시나요? 추운 겨울, 눈 속에서 꽁꽁 얼어 죽어 가는 독사를 보고 측은한 마음이 든 농부가 독사를 가슴에 품어 주었습니다. 온기에 금방 정신을 차린 독사는 야생 본능이 살아나 농부의 가슴을 물어 치명상을 입혔지요. 모든 사람에게 반드시 선량하게 대해서 '좋은 사람'이 되고 싶은 당신의 마음은 이해합니다만, 그렇게 한 가지 원칙만 고수하다가는 복잡한 인간관계 속에서 쉽게 상처 입고 절망하게 될 겁니다.

다른 예를 들어 볼게요. "열심히 사는 사람이 성공하는 법이라고 사람들이 말한다. 그러니 '반드시' 고군분투해야 한다." 그런 생각으로 열심히 살았는데 그 결과 정서적 불안, 망가진 건강, 가족들의 불만이 따라왔습니다. 내 삶의 방식은 나 스스로 정하는 것입니다. 남들이 그렇게 살아야 한다고 해서 굳이 따라갈 필요는 없어요. 그보다 나에게 맞는 삶의 방식을 정해 인생을 더 풍성하고 아름답게 살아 낼 수 있습니다. 그리고 실제로 다른 사람들은 그렇게 살고 있어요.

'~이다'에서 '반드시 ~이다'를 도출해 내는 사고방식에 얼마나 많은 구멍이 있는지 아시겠죠. 하지만 그럼에도 당신은 주변 상황과 환경을 통제해 '안정감'을 확보하려고 좀처럼 고집을 꺾지 않습니다. 그런데 정말로 '~이다'에서 '반드시 ~이다'를 도출할 수 있다면 이런 명제들도 가능하겠죠. '사람은 반드시 모두 죽는다. 어차피 죽을 거 지금 당장 죽는 게 낫다.' '이 세상은 약육강식의 원리로 돌아간다. 그러니 강자에게 빌붙고 약자를 약탈해야 한다.' '착한 사람에게 반드시 보상이 있는 건 아니다. 그러니 이제부터 꼭 착한 일을 하지 않아도 된다.' 물론 사람은 모두 죽어요. 하지만 지금 당장은 노력하며 열심히 살아야 합니다. 세상은 약육강식의 원리로 돌아가죠. 그럼에도 우리는 모두가 평등한 세상이 오길 꿈꾸며 살아가야 해요. 착한 사람에게 꼭 보상이 있는 건 아니지만 여전히 우리는 선량한 마음으로 살아갈 용기를 내야 합니다. 세상이 어떠하든, 타인이 어떠하든 상관없이 우리는 나 자신만의 선택을 내릴 수 있습니다.

'반드시'의 함정에 빠지지 않도록 하세요. 그것이야말로 진정으로 수준 높은 자의 인생입니다. 그리고 그런 삶을 살아야만 비로소 진정한 안전감을 누리고 삶을 원하는 대로 이끌 수 있을 거예요.

3. 뻔한 원인과 결과로 사물을 바라보는 이유

언뜻 보면 인과 관계가 매우 정확한 논리들이 있습니다. 가령 '(원인)열심히 일해야 (결과)더 많은 보상이 있다.'와 같은 것이죠. 그런데 정말 그럴까요? 만약에 사장이 파산을 앞두고 야반도주한다면요? 만약에 사장 눈에 직원들이 전부 게을러빠진 것처럼 보인다면요? 열심히 일한 것과 더 많은 보수 사이에 강력한 인과 관계를 끼워 넣었을 경우, 그와 반대되는 상황에서는 엄청난 불만과 억울함, 분노가 일어나겠죠. "뭐야! 내가 저 사람보다 더 많이 일했는데 왜 돈은 쟤가 더 많이 가져가는 거야? 세상이 너무 불공평해. 더는 이렇게 못 살겠어. 바다로 뛰어들 거야!"

'(원인) 좋은 사람에겐 (결과) 반드시 좋은 보상이 따른다.' 이것도 틀린 말이 아닌 것 같죠? 그런데 꼭 그렇지만도 않아요. 보이스 피싱을 보세요. 나쁜 사람들이 선량한 시민의 돈을 고스란히 먹어 버리잖아요. 당신만의 명제를 '맹신'하다가는 현실에서 주저앉는 적이 한두 번이 아닐 겁니다.

물론 '뿌린 대로 거둔다'는 말을 부정하는 게 아니에요. 앞으로 더는 착하게 살지 말라는 말도 아닙니다. 다만 주변 상황을 통제하고 싶은 마음에 수시로 변하는 이 세상에 '이거 아니면 저거'라는 단순한 인과 관계를 적용하지 말라는 뜻이에요. '(원인) 태양은 매일 떠오른다. (결과) 내일은 내일의 태양이 떠오를 것이다.' 당연하다고 생각하는 일이지만 어느 날 태양계가 '흑암의 숲(중국의 소설가 류츠신劉慈欣의 공상 과학 소설인 『삼체三體』에 나온 표현-역주)'에 뒤덮인다면 어떨까요? 내가 아는 뻔한 원인과 결과로만 사물을 보지 않아야 해요. 그래야 지나친 통제욕 때문에 질서를 잃어버린 삶을 정상 궤도로 돌릴 수 있어요. 그렇게 할 때 당신의 내면에 진정한 평안이 찾아올 겁니다.

인지 수준을 높이는 두 가지 방법

우리는 낮은 인지 수준이 유발하는 문제들을 알아봤어요. 완고한 태도와 편협한 생각, 불만과 원망 등이 대표적인 증상입니다.

그렇다면 어떤 방법을 통해 인지 수준을 높이고 시야를 넓힐 수 있을까요? 어떻게 해야 마음의 평안과 자유, 즐거움을 누릴 수 있을까요? 구체적인 방법으로는 다음과 같은 두 가지가 있습니다.

1. 'YES'라고 말하기

통제욕이 강한 사람은 인지 수준이 낮습니다. 시야가 좁고 마음이 편협하기 때문이에요. 그래서 통제욕을 줄이는 것이 이 문제를 해결하는 데 많은 도움이 됩니다. 가장 간편한 방법으로는 삶을 긍정적인 시각으로 바라보는 거예요.

먼저 노력하면 반드시 보상을 받아야 한다는 생각을 버리세요. 우리는 그저 노력하는 겁니다. 삶이 우리에게 어떤 결과를 주든 'YES'라고 말할 줄 아는 자세를 가지세요. 가령 사람들은 외향적인 사람들이 더 큰 성공을 거둔다고 말합니다. 그렇지만 정해진 건 없어요. 내향적인 성격의 사람들도 얼마든지 성공할 수 있습니다. 그런 상황에 'YES'라고 말하고 인정할 수 있어야 해요. 사람들에 대한, 세상에 대한 당신의 고정적인 생각과 편견을 버리고 타인에게 'YES'라고 말하면 더 진실한 모습의 세상을 볼 수 있을 거예요.

너무 어렵게 느껴진다면 작은 일부터 시작해 보세요. 두통이 오면 'YES'라고 말하는 거예요. 머리가 아프기 시작했다는 걸 인정하고 잠깐 손에서 일을 놓고 쉬면 돼요. 친구의 식사 초대에 'YES'라고 말해 보세요. 본인의 계획을 고수하느라 계속 거절하지 말고요. 손이 많이 가는 반려동물에게도 'YES'라고 말하세요. 잠시 휴대 전화를 내려놓고 가만히 쓰다듬어 주세요.

이것은 '긍정적 상념의 연습' 방법입니다. 삶을 통제하려고 하지 말고 흘러가는 대로 수용하고 인정하는 것. 그것이야말로 진정한 인지 수준의 향상이라고 할 수 있습니다.

2. 세상을 정의하는 주도권 발휘하기

인지 수준을 높인다고 도를 닦기 위해 머리를 깎고 산으로 들어가 수행할 수는 없는 노릇입니다. 그래서 제가 제안하고 싶은 방법은 세상을 정의하는 주도권을 스스로 발휘하는 것입니다.

어렵지 않아요. 내가 처한 환경이나 상황 속에서 '과연 내가 할 수 있는 일은 무엇인가?'라는 생각을 하는 게 바로 주도권을 쥐는 것입니다.

예를 들어 볼게요. '과연 내향적인 사람이 더 성공하기 쉬울까, 아니면 외향적인 사람이 성공하기 쉬울까?' 하는 문제에 갇혀 있지 말고 내가 할 수 있는 일을 하는 거죠. 열심히 노력해서 내향적인 내가 성공을 거둔다면 이것은 '내향인도 성공할 수 있는 세상'을 새롭게 '창조'하는 것과 같습니다. 내가 창조한 그 세상 안에서는 강한 안정감을 누릴 수 있어요.

다른 예를 들어 볼까요? '산다는 건 과연 의미가 있는가, 없는가?' 하는 문제에 갇히지 말고 내가 할 수 있는 일을 해 보는 거예요. 타인을 위해 가치를 만들어 내는 거죠. 이렇게 누군가에게 가치감을 심어 주면 행복감을 느낄 수 있어요. 그렇게 '의미 있는' 삶을 창조해 내는 것입니다. '산다는 게 의미가 있을까?'라는 질문이 아니라 삶의 의미를 나 스스로 정의하는 게 중요해요.

세상이 어떠하든 나는 나만의 결정을 내릴 수 있다는 확신이 있으면 강한 안정감을 느낄 수 있습니다. 기존의 정해진 규칙이나 틀을 따르며 그것을 통제하지 못해 불안감을 느끼는 것과는 완전히 다른 삶의 모습이죠.

삶에 'YES'라고 말하는 연습을 해 보세요. 수시로 변하는 세상에 질서를 부여하려고 애쓰지 마세요. 나의 마음을 따라 결정을 내리고 삶을 따르는 '주도권'을 발휘하도록 하세요. 이러한 인지 발달이야말로 그 어떤 지식으로도 대체할 수 없는 고귀한 것입니다.

자꾸만 세상에 '질서'를 부여하려는 당신

구체적인 증상

삶을 이성적으로 생각하려 하고 질서를 부여하려고 하지만,
그로 인해 인지 수준이 낮아지는 아이러니를 겪는다.
문제를 이분법적으로 생각한다. '~이다'에서 '반드시 ~이다'
라는 결론을 도출하려고 한다. 자기만의 논리로 인과 관계를
설명해서 세상을 통제하려 하지만 뜻대로 잘되지 않는다.

솔루션   _ □ ✕

1. 매사에 'YES'라고 말하라. 통제할 수 없는 세상에 질서를 강제하지
   말자.
2. 세상을 정의하는 주도권을 발휘하라. 외부의 규율이나 질서에 영향
   받지 않도록 주의하자.

인지에 관한 당신의 깊은 오해

추천 도서

- Ruth E. Schwarz·Friedhelm Schwarz, 『Self Influencing』, Campus, 2021
- Anando, 『Say Yes To Life』, Beijing United Publishing co., LTD, 2015

15

열등감에서 벗어날 거야!

외향적인 사람이 되어
사람들에게 인정받아야지!

몸과 마음을 단련해서
정말 '좋은 사람'이 될 거야.

더 나은 내가 되기로 결심하고 노력했는데,
왜 열등감은 점점 더 심해질까?

자신감을 얻는 비결은
'유능한 다른 사람'이 되는 것이 아니다.
나는 누구인지, 나의 기질은 어떠한지 잘 이해하고
나의 감정과 생각을 신뢰할 때 비로소 자신감이 생긴다.

더 나은 '다른 사람'이 될 필요 없다.
더 나은 '나 자신'이 되어야 한다.

다른 사람이 되기 위해
힘들게 노력하는 당신에게

더 나은 내가 되기 위해 노력하는데
왜 열등감은 더 심해질까?

저는 열등감이 심한 사람입니다. 이 열등감은 집안 환경에서 비롯한 것이 많아요. 공장 노동자 출신의 부모님은 도시살이를 버티지 못해 결국 시골로 내려가셨습니다. 가정 환경이 풍요롭지 못해 저는 늘 금전적으로 어려움을 느꼈어요.

물론 전부 가정 환경 탓으로만 돌리기는 어렵습니다. 제일 큰 문제는 저 자신이니까요. 그래서 성공해야겠다고 생각했어요. 겉으로 보이는 성공은 물론 내면의 성취감과 만족감을 키우기 위해 정말 최선을 다했습니다. 이 지독한 열등감에서 벗어나 새로운 나를 만들기 위해, 더 나은 내가 되기 위해 악착같이 살았어요.

더 나은 내가 어떤 모습이냐고요? 사람들에게 인정받는 모습이죠. 한동안 고민 끝에 몇 가지 포인트를 찾아냈어요.

첫째, 저의 내향적인 성격을 바꿔야 했습니다. 성공하고 싶다면서 늘 혼자 놀기 좋아하고 사교 활동을 힘들어하면 안 되잖아요? 저는 각종 대규모 행사와 사교 활동에 참여하기 시작했어요. 사람들에게 적극적으로 다가가 먼저 명함을 건네며 저만의 '사교 클럽'을 만들기 시작했죠. 사람들에게 저는 활달하고 외향적이며 재미있는 사람이라는 이미지를 심어 주기 위해 많이 노력했습니다.

둘째, 다른 사람의 생각과 감정을 배려하는 사람이 되어야 했어요. 그래야만 사람들이 인정하는 '좋은 사람'이 될 수 있으니까요. 그러면 차츰 자신감도 쌓일 거라고 믿었어요.

셋째, 내면의 부정적인 생각을 없애야만 했습니다. '난 안 돼' '난 못 할 거야'라는 생각들이요. 사람들이 인정해 주는 것도 중요하지만 저 스스로 제가 괜찮은 사람이라고 인정해 주는 것도 중요했어요. 그래야 부모님을 원망하는 마음을 내려놓고, 주어진 삶에 감사할 수 있을 거라 생각했습니다.

그렇게 오랜 시간 위의 세 가지를 지키려 무진장 노력했습니다. 그런데 이상하죠? 노력하면 할수록 성공은커녕 자신감도 떨어지고 오히려 열등감이 더 심해졌습니다. 더 나은 내가 되기 위해 그렇게 노력했는데 여전히 열등감 덩어리인 저를 보며 더 심한 자괴감에 빠졌습니다. 저는 어떻게 해야 할까요?

다른 사람이 되기 위해
가짜 노력을 하는 당신에게

더 나은 내가 되기 위해 그토록 열심히 노력했는데 어째서 열등감은 더 심해졌을까요? 간단해요. 당신은 '더 나은 나의 모습'을 '다른 사람의 모습'에 대입했기 때문입니다. 대체 당신이 되고 싶은 사람은 누구인가요? 자신인가요? 아니면 다른 누군가인가요? 가장 기본적인 질문조차 확실히 정리하지 않은 채 다른 어떤 누군가가 되기 위해 노력했으니 성공할 리가요.

보통 우리는 열등감에서 벗어나 자신감을 키우는 것이 더 나은 내가 되기 위한 방법이라고 생각합니다. 그러고는 곧 누가 되었든 본인이 관찰하고 상상했던 것 가운데 사람들에게 가장 인정받았던 '다른 사람'의 모습을 떠올리죠. 그런 뒤 그를 기준으로 삼아 나와는 전혀 동떨어진, 진실한 나와는 전혀 다른 자기 이미지를 만들어 냅니다. 그 이미지가 나와 얼마나 연관있는지는 보지 않은 채 무조건 내가 '롤 모델'로 삼은 그 사람을 흉내 내기 위해 최선을 다하는 거예요. 외향적이고 유머러스한, 마음이 넓고 다른 사람을 배려할 줄 아는, 늘 성장하고 공부하는 등의 이미지 말입니다.

이렇게 이상적인 '타인'이 되기만 하면 완벽한 사람으로 변하고 자신감도 충만해질 거라고 생각합니다. 하지만 현실은 그렇지 않아요. 시간이 지날수록 내가 지표로 삼은 그 누군가와 나 사이의 차이가 더 도드라져 보입니다. 완벽하지 못한 내 모습 때문에 더 많이 좌절하고 열등감은 심해집니다.

1. 진정한 자기 계발은 지금의 나를 버리는 것

'롤 모델'과 같은 사람처럼 되기로 했다는 건 결국 지금의 나를 수용하지 않는다는 말입니다. 저는 내향인입니다. 세 살 때부터 친구들과 뛰어노는 걸 싫어했어요. 여덟 살에는 선생님이 제가 단체 활동에 참여하기를 싫어한다며 몇 번이나 학부모 상담을 진행하셨고 열네 살 때는 친한 친구가 두세 명 정도 있긴 했지만 여전히 모여서 떠들고 시끄럽게 노는 게 불편했습니다. 만일 그런 제가 어느 날 갑자기 '더 나은 내가 될 거야!'라고 결심하고 외향적인 사람이 되기로 했다고 생각해 보세요. 그건 아기 토끼가 무서운 늑대가 되어 보겠다고 발버둥치는 것과 다르지 않습니다. 왜냐고요? 애초부터 할 수 없음에도 자신을 너무 힘들게 몰아가기 때문이에요. 더 중요한 건 시간이 갈수록 자신감이 줄어든다는 거죠.

사교적인 외향인이 되고 싶다고 했지만, 그걸 해내지 못했어요. 가까스로 집을 나서서 사교 활동에 참여하는 건 사실 당신에게도 엄청난 곤욕이었습니다. 그래서 큰 열등감에 시달렸어요. '그럼 그렇지. 이런 작은 거 하나도 못 해내는 내가 뭘 하겠다고!' '더 나은 내가 되겠다고? 웃기네. 난 그냥 성격 파탄자야.' 원래는 이렇게까지 심한 열등감에 시달리지 않았는데, '다른 사람'이 되려고 열심히 노력했더니 갈수록 무능한 나 자신이 보여서 자책과 열등감이 더 심해졌습니다.

서로 다른 기질의 사람은 서로 다른 생활 방식을 지녔습니다. 내향인은 기질적으로 조용한 업무에 집중을 잘하고 사람들과 깊은 관계를 맺는 경향이 있습니다. 외향인은 기질적으로 소통에 능하고 변화무쌍한 업무에 적응을 잘합니다. 누가 더 좋다랄 게 없어요. 그냥 그런 겁니다. 하지만 당신은 군이 '다른 사람'이 되려고 본인이 잘하지 못하는 일을 억지로 했습니다. 그 결과 아무리 노력해도 잘되지 않아요. 본인의 능력이 모자란다는 생각과 뭘 해도 실패한다는 생각에 좌절했습니다.

당신이 '롤 모델'로 삼은 존재는 사실 '사람'이라기보다는 거의 '신'에 가까워요. 왜냐하면 당신이 생각하는 그 존재는 부모님이 좋은 가정 환경을 물려주지 못했다고 해서 절대 원망하지 않고, 다른 사람들에게 일절 폐를 끼치지 않거든요. 일이 잘 안 풀린다고 해서 불평하지 않고 모든 순간에 감사하며 살아야 하거든요. 문제는 그게 정말 가능한 일이냐는 점입니다. 어렵고, 잘 안 돼요. 그러니까 또다시 자기 비난이 시작됩니다. '난 정말 나쁜 아들이야.' '난 어쩜 이렇게 이기적일까.' '난 어쩜 이렇게 감사함을 모르며 살까!' 열등감은 점점 더 심해집니다.

더 좋은 내가 되기 위해 노력하는 건 좋아요. 다만 그 아름다운 성장의 과정을 자책과 고통으로 물들이지 마세요. 자신감은 당신 자신을 수용하고 사랑할 때 저절로 키워집니다. 당신이 유능하고 멋진 '다른 사람'이 된다고 길러지는 게 아니에요.

2. 당신이 놓치는 중요한 한 가지, '나는 어떻게 생각하는가?'

자신감이란 뭘까요? 저는 자신의 감정과 생각을 온전히 신뢰하는 상태라고 생각합니다. 그런데 이에 대한 제 생각이 '혹시나 틀리면 어쩌지?' 하는 생각에 입 밖으로 내지 못한다면 그게 바로 열등감이에요. 반대로 내 생각이 틀릴 수도 있지만, 다른 이의 생각이 중요한 것처럼 내 생각도 중요하므로 당당하게 표현하는 것이 자신감이에요.

감정도 똑같아요. 화가 나면 있는 그대로 표출해야 하는데 그 감정을 인정하지 못하면 어떻게 분노할 수 있겠어요? '분노는 정말 나쁜 거야!' 이렇게 생각하며 무조건 억누르는 게 열등감이에요. 사람이라면 분노를 느끼는 게 정상이고 그걸 상대에게 알려 주는 게 바로 자신감입니다.

그런데 우리는 보통 '더 나은 내가 되기 위한 프로젝트'에 착수하면 위의 상태에서 점점 더 멀어져요. 많은 사람이 더 나은 내가 되는 것을 가족과 사회를 비롯한 외부에서 인정하는 '다른 사람'이 되는 거라고 생각합니다. 타인의 인정을 받아야만 자신감이 생긴다고 생각하는 것이죠. 그러나 남들의 인정을 받으려고 하면 자꾸만 '남들은 어떻게 생각하지?' '저 사람들 기분은 어떨까?'만 생각하지 '내 생각과 감정'에는 신경 쓰지 않아요. 그렇게 시간이 지나다 보면 자신이 무슨 생각을 하는지, 어떤 감정을 느끼는지조차 모르는 상태가 됩니다. 그런 사람에게 어떻게 자신감이 생기겠어요?

내가 누구인지,
나의 기질은 무엇인지 살펴보기

자신감을 가지려면 '유능한 다른 사람'이 얼마나 빨리 되는가에 초점을 두면 안 돼요. 잠시 걸음을 멈추어 숨을 고르고 고개를 돌려 지금 당신의 모습을 따뜻하게 끌어안아 줘야 해요.

1. 나의 기질을 받아들이고 나의 '장점'을 발견하기

자신감은 자신을 있는 그대로 사랑하는 태도입니다. '나는 이대로도 충분히 괜찮아.'라는 신념과도 같아요. 그러려면 나의 기질을 수용하고 인정해야 합니다. 예를 들어 외향형을 더 인정해 주고 받드는 사회 문화 속에서 내향인들은 자신의 내성적인 기질을 부정하고 미워할 수 있어요. 스스로 성격이 괴팍하다고 생각하는 거죠. 그렇지만 절대 그걸로 기죽거나 열등감 가질 필요가 없어요. 내향인은 나름의 특색과 장점을 지녔거든요. 사교 활동에 참여하는 대신 그 시간을 자신이 좋아하는 일에 몰두할 수 있지요. 자신의 기질을 잘 이해하고 받아들이면 그것을 극대화할 수 있어요. 그렇게 자신을 사랑하고 인정하면 더는 '외향인의 길'에서 눈물 흘리며 억지로 자신을 바꾸려고 노력하지 않아도 되는 거예요.

또 다른 예로 태어날 때부터 '예민한' 사람들이 있어요. 특히나 다른 사람의 정서나 감정, 태도를 민감하게 알아채는 사람들이죠. 계절이 바뀔 때마다 감수성이 예민해지기도 해요. 심해지면, 스스로 너무 나약하다고 생각하며 복잡한 자신의 정서와 감정을 처리하기 힘들어하죠. 하지만 이 또한 문제 될 게 전혀 없어요. 그걸로 열등감 느낄 필요는 더더욱 없고요. 모든 사람이 그렇게 예민하다면 세계적인 문화 예술 작품은 탄생하지 않았을 거예요. 자신의 기질과 특기를 잘 이해하고 인정해서 그걸 활용하면 돼요. 애절한 노래 가사를 쓸 수도 있고 남들이 표현하지 못하는 것을 그림으로 세심하게 표현할 수도 있죠. 방법은 무궁무진해요. 삶이 당신에게 주어진 선물이라는 걸 안다면 예민한 성격에서 벗어나려고 바둥대지 않을 거예요. 그러면 자신감은 자연스럽게 차오를 겁니다.

2. 나는 어떻게 생각하고 내 기분은 어떤지 수시로 물어보기

나에게 끊임없이 질문하는 연습을 해 보세요. "나는 어떻게 생각하지?" "나는 지금 어떤 기분이지?" 자신감은 완벽해야 가질 수 있는 게 아니라 나 자신과 '일체一體'를 이루는 사람에게 주어지는 거예요. 이른바 '일체'란 나와 내 자신이 영원한 하나가 되는 것을 말해요. 나의 감정과 기분, 생각을 신뢰하고 지지하는 것이죠. 끊임없이 남들의 눈치를 보면서 자신을 무너뜨리는 게 아니에요.

시험에서 1등을 한 뒤에 '남들은 어떻게 생각할까?'를 먼저 생각하는 사람들이 있어요. 질투할 수도 있고 당신을 자랑스러워할 수도 있죠. 아니면 아무도 신경 안 쓸 수도 있어요. 아무렴 어때요. 그것 중 어느 것 하나도 당신에게 진정한 자신감을 주지 못하는 걸요. 설령 당신을 자랑스러워한다고 할지라도 언제 그 칭찬과 인정을 거둬들일지 몰라서 불안할 거예요. 게다가 인정을 받아야만 당신 스스로 좋은 사람이라고 느낀다면 그건 진정한 자신감이 아니에요.

스스로 이렇게 물어봐야 해요. '나는 어떤 생각인가?' '내 기분은 어떤가?' 기분은 즐겁죠. 성취감도 느껴져요. 이런 기분 좋은 감정을 계속 느끼고 싶어서 앞으로도 열심히 노력하고 싶다는 생각이 들 거예요. 스스로 성취한 성과로 기쁨을 누리고 자신의 행복을 위해 앞으로의 태도를 결정할 줄 알아야 해요. 자신의 기분과 생각에 따라 행동하세요. 다른 사람을 위해서가 아니라요. 그 에너지가 당신에게 누구도 앗아갈 수 없는 강력한 자신감을 심어 줄 거예요.

직장에서 스트레스를 많이 받는 편인가요? 상사가 당신의 능력을 폄하하고 무시할 수 있어요. 그러면 먼저 다른 사람들이 어떻게 생각하는지, 내가 정말 틀린 건지 생각할 필요는 없어요. 다른 사람이 어떻게 생각하든 말든 그건 당신의 자신감에 아무런 도움이 되지 않아요. 당신이 그들에게 이 문제에 관해 어떻게 생각하는지 물어보는 순간, 그들은 자신이 당신을 심판할 수 있는 존재라고 생각할 거예요. 비판과 질책은 자신감에 아무런 도움이 되지 않아요.

그보다는 스스로 물어보세요. '나는 어떤 생각과 기분이 드는가?' 당연히 화가 나죠. 슬프고요. '나는 내 자신을 돌보고 보호해야만 해. 그러니까 다른 사람이 함부로 나를 폄훼하도록 둘 순 없어!' 자신을 위해 생각하고 느끼고 응원해 주세요. 그게 당신의 내면을 강하게 만들어 줄 거예요.

자신감을 얻으려면 유능한 다른 사람이 되기 위해 가짜 노력을 하지 않아야 해요. 내가 누구인지, 나는 어떤 기질을 지녔는지 살펴보고 이해한 다음 나의 생각과 감정을 믿어 주고 존중해 주어야 해요. 그러면 당신은 더 나은 내가 될 수 있을 거예요. 하지만 기억하세요. 더 나은 '나 자신'이 되어야지 더 나은 '다른 사람'이 되어서는 안 돼요.

정리하기

다른 사람이 되기 위해 거짓으로 노력하는 당신

구체적인 증상

자신감을 얻으려고 열심히 노력하지만, 오히려 열등감은 점점 더 심해진다.
'더 나은 나 자신'이 되는 걸 '더 나은 다른 사람'이 되는 것으로 착각한다. '다른 사람'과 나를 비교하면서 열등감은 더해지고, 나의 불완전한 모습을 보며 자책한다.

솔루션   _ ☐ ✕

1. 나의 기질을 있는 그대로 인정하자. 나의 '좋은 점'을 발견하고 이해하자.
2. 나 자신과 하나가 되어야 한다. 남이 아닌 나의 기분과 감정, 생각은 어떠한지 수시로 물어보자.

추천 도서

- 칼 로저스, 『진정한 사람되기』, 주은선, 학지사, 2009
- 칼 구스타프 융, 『심리 유형』, 정명진, 부글북스, 2019

16

내가 꿈꾸는 찬란한 미래를 위해
열심히 노력할 거야!

정확하고 확실한 일만 해야 해.
딴 길로 새면 안 돼.

성과와 의미에만 집중할 거야!

힘들어…. 더는 못 하겠어.

대체 내가 꿈꾸는 미래는
언제 오는 걸까?

꿈꾸는 미래를 위해 지금을 희생하면
점점 피로해질 뿐이다.

성과가 아닌 몰입에 집중하라.
이 경험이 새로운 길을 열어 줄 것이다.
기계적이고 정확한 일은 이제 그만.
당신의 삶에 실수를 허용하라!

성과주의 노력을 하는 당신에게

빛나는 미래를 위해
숨차게 달려온 당신에게 남은 것

저는 안정적인 직장에 다니고 있었습니다. 다들 다람쥐 쳇바퀴 돌듯 거의 똑같은 하루하루를 살았죠. 이렇게 무의미하게 인생을 보내는 게 과연 맞는 걸까 하는 생각이 자주 들었어요. 그래서 어떻게든 상황을 바꿔 보고자 노력했지요. 자유로우면서 뭔가 가치 있는 삶을 살고 싶었거든요.

'찬란한 미래를 위하여!' 제가 속으로 자주 외치는 말입니다. 저는 인적 자원 관리학을 전공했어요. 회사에서 따로 요청하진 않았지만, 제 전공을 살리고 싶은 마음이 늘 있었습니다. 진정한 '인재'가 되고 싶었거든요. 제 실력을 키우면 더 나은 '무대'에서 마음껏 재능을 뽐낼 수 있을 거라고 믿었습니다. 그래서 몇 년 동안 관련

한 자격증도 많이 취득하고 명문대 MBA 과정도 이수했습니다. 사실 매일 저녁 퇴근하고 집에 가면 전공 서적을 복습하고 과제를 제출하느라 밥 먹을 시간도 없었어요. 물론 사람들은 제가 그렇게 고생했다는 걸 잘 모르죠. 그런데 제가 제일 답답한 건, 이렇게 열심히 준비했는데 대체 제 능력을 발휘할 시간이 언제쯤 오느냐는 거죠. 이 학위와 자격증들의 진가를 제대로 발휘할 '무대'가 언제 나타나느냐는 말이에요.

제가 꿈꾸는 찬란한 미래는 너무 천천히 오는 것 같았어요. 그래서 전공 영역 외에 다른 부분에 도전해 보기로 했습니다. 대학 시절 유학을 다녀와서 영어를 조금 할 줄 알거든요. 그래서 온라인에 제 계정으로 영어 회화 채널을 개설했어요. 매일 영상을 하나씩 업로드했는데 시간이 보통 많이 걸리는 게 아니더군요. 호의적인 댓글이 꽤 달리긴 했지만, 구독자가 생각처럼 빨리 늘어나진 않았어요. 6개월이 지났지만, 돈이 되진 않았어요. 마음이 급해졌습니다. 심지어 제 능력을 의심하기에 이르렀죠.

그러던 중에 친한 친구가 동업 제의를 했고 좋은 기회라는 생각이 들어 승낙했습니다. 그래서 다니던 직장을 그만두고 창업의 길에 뛰어들었어요. 그 후로 정말 바쁘게 살았지만, 성공의 빛은 보이지 않았습니다. '대체 왜 안 되는 거지?' 아무리 노력해도 그만큼 성과가 나오지 않는 것 같아 몸과 마음이 지쳐만 갔습니다.

아침에 알람 소리를 듣고 겨우 잠에서 깨서 밤늦게까지 쉬지 않고 일했어요. 휴가 한 번 가지 않은 채 일하고, 공부하고, 온라인 강의를 올리고, 사업체를 위해 발에 땀이 나도록 뛰어다녔어요. 그런데 아무리 노력해도 밝은 미래는 보이지 않았어요. 극심한 피로와 권태감이 찾아왔고 심각한 자기 의심에 시달렸어요. 삶에 불만과 분노가 점점 차오르더니 결국 폭발해 버렸습니다. 지금은 아무것도 할 수 없는 무기력한 상태가 되었어요.

성과에만 의미를 두는 당신에게
삶은 결코 즐거울 수 없다

가치 있는 삶, 의미 있는 삶을 살고 싶은 욕망은 모든 사람에게 있습니다. 그 보이지 않는 갈망에 이끌려 우리 모두가 열심히 '노력'하며 살아가지요. 그래서 인생은 고단하면서도 뜻깊은 거예요.

그렇지만 우리가 그 가치와 의미를 지나치게 좇는 순간, 찬란하고 아름다운 미래에만 정신이 집중되어 다채롭게 흘러가는 과정은 소홀히 여겨지기 쉽습니다. '완벽한 미래'를 지나치게 꿈꾸다 보니 '결함 있는 과정'에는 눈길을 주고 싶지 않은 거죠.

아마 그런 경험이 있을 거예요. 휴가 계획을 세우고 기대에 가득 차 3개월 동안 즐겁고 행복하게 지냈습니다. 그런데 막상 휴가를 가 보니 찌는 듯한 더위와 작열하는 태양, 어딜 가든 인산인해를 이루는 인파 때문에 대체 내가 왜 돈을 주고 집을 떠나 이런 고생을 하나 싶었던 경험이요. 4년, 혹은 더 길게 대학에 다니며 졸업만을 학수고대했는데 막상 캠퍼스를 나와 보니 돈 버는 게 너무 어렵고 인간관계도 지긋지긋했던 경험이요. 빨리 승진해서 연봉도 올랐으면 하는데 인사 고과 점수는 형편없고 머리 아픈 일은 갈수록 늘어나는 경험이요.

아름다운 미래를 기대하는 그 과정이야말로 사실 우리가 원했던 꿈이 현실로 이뤄졌을 때보다 훨씬 사람을 행복하게 합니다. '빛나는 미래'를 추구하는 건 당연히 좋은 일이지만 그걸 막상 실현하고 나면 내가 생각했던 것처럼 '환상적인' 것은 아니었다는 걸 깨닫습니다. 아름다운 미래를 위해 달려가는 과정에서 느낄 수 있는 달콤한 기대감과 즐거움을 무시하면 아무리 열심히 노력해도 좁혀지지 않는 '종착역'과의 거리 때문에 심각한 피로감에 시달립니다. 심하면 앞으로 나아갈 동력을 잃게 되지요.

게다가 이렇게 성과만을 보고 무섭게 달려가는 성취지향적 노력은 결핍감을 심화합니다. 한 달에 천만 원을 벌어 보겠다고 생각하지 않았을 땐 200만 원의 월급이 적게 느껴지지 않았어요. 하지만 부유한 미래를 꿈꾸기 시작한 순간부터 현실과 당신이 꿈꾸는 미래의 간극이 심하게 벌어졌죠. 유명해져야겠다는 생각을 하지 않았을 때는 그저 평범하게 하루를 살아 내는 것이 즐겁고 만족스러웠어요. 당신이 꿈꾸는 미래와 현실 사이의 차이를 동력으로 삼는다면 아무런 문제가 없겠지만, 지금 그렇지 않다는 게 문제입니다. 그걸로 인해 근심하고 자기 비난을 하고 있어요. 그로 인해 매일이 심란하고 의지가 사라져 버렸습니다.

성과와 의미만 지나치게 중시하면 그로 인해 답답하고 무료한 상태에 빠지기 쉬워요. '확실한' 일만 하려고 들기 때문입니다. 만일 당신에게 가장 중요한 게 '성과'라면 그걸 이뤄 내기 가장 좋은, 가장 빠른 '확실한' 길로만 가려고 할 거예요. 여기서 말하는 '확실한' 길은 공부, 일과 같은 '바른 일'을 가리킵니다.

그렇지만 진정한 인생의 가치를 실현하고 행복한 삶을 살려면 사람들과 더불어 사는 법을 배워야 해요. 당신이 이렇게 '바른 일'에만 치중하면 시간이 지날수록 스스로 하나의 '소모품'이 된 것 같은 느낌이 들 거예요. 자꾸만 자신이 이용당하고 소모되는 것 같은 느낌이 들죠. 또 모든 게 확실하고 올바른 것 위주로 돌아가기 때문에 무료하고 권태로운 삶을 살 수밖에 없습니다. 뜻밖의 일이 일어나지 않죠. 이렇게 정확하고 올바른 삶 뒤에 얼마나 행복한 삶이 펼쳐질지는 저도 잘 모르겠어요. 이 무료하고 지난한 삶의 끝에 어떤 미래가 펼쳐질지도 장담할 수 없겠네요.

지나친 성과주의에서 벗어나는
세 가지 방법

성과에 과도하게 집착해 삶이 즐겁지 않은 당신에게 먼저 물어보고 싶은 게 있어요. 당신은 왜 그토록 '가치'와 '의미'에 목마른가요?

한국계 독일인 철학자 한병철의 저서 『피로사회』에는 이런 내용이 있습니다. "인간이 끊임없이 가치와 의미를 추구하는 것은 인간을 착취하는 자본주의에서 승화된 표현이다." 자본가의 착취는 제한적이지만 한 개인은 '성공과 성장'을 목표로 자신을 끊임없이 착취할 수 있으므로 끝이 없다는 게 그의 생각입니다.

현대의 경제 체제 안에서 이것은 어쩔 수 없는 현상이라고 해도 좋습니다. 자본가가 이익을 창출하기 위해 사람들에게 심어 준 일종의 음모라고 해도 좋아요. 그런데 왜 인간은 이토록 '착취' 당하도록 자신을 기꺼이 내어 주는 걸까요? 이에 대해 저는 어니스트 베커의 관점을 지지하는 편입니다. 인간은 죽음이라는 두려움 앞에서 영생을 갈망하기 때문입니다. 만일 사는 동안 어느 정도 업적을 남기고 책이라도 쓸 수 있다면 후세에 길이길이 이름을 알릴 수 있겠죠. 설령 그렇게 못한다고 해도 인류 사회에서 보편적으로 인정하는 '성과'를 거두어 특정 집단 안에서 이름을 남긴다면 어느 정도 의미에서는 '영생'이 가능할 거예요.

이런 해석을 너무 세속적이라고 생각한다면 다른 의미에서 생각할 수도 있겠죠. 우리가 끊임없이 가치를 추구하는 이유는 어릴 적 부모님에게서 충분한 사랑을 받지 못했기 때문입니다. 그래서 평생 세속적인 성공을 추구하는 거예요. 그 멋진 성공의 결과를 부모님 면전에 던지며 따져 묻고 싶은 거죠. "이렇게 잘하는 나를 왜 인정해 주지 않으셨어요? 왜 사랑해 주지 않으셨어요?"

어느 쪽이든 핵심은 같아요. 우리가 추구하는 찬란한 미래와 성공, 가치와 의미는 특정한 것의 '대체물'이라는 것입니다. 그것이 영생일 수도 있고, 사랑이나 누군가의 인정일 수도 있어요. 무엇이든 간에 중요한 건 그런 상황에서는 아무리 큰 성공을 거두더라도 별 의미가 없다는 것입니다. 삶을 비관하는 것이 아닙니다. 카뮈의 말처럼 "의미 없는 삶이야말로 살아갈 가치가 있다"는 얘기를 하고 싶은 거예요.

당신의 인생에 처음부터 정해진 의미가 있다면 더 큰일입니다. 당신은 그저 그것을 이루기 위한 하나의 도구, 하나의 생물체로 살아가야 하니까요. 자동차 같은 기기들은 '탄생'부터 확실한 의미를 가지지만 당신은 달라요. 당신은 의미를 실현하기 위해 태어난 존재가 아니에요. 당신의 인생에는 무한한 가능성과 잠재력이 존재합니다. 다음의 세 가지 방법을 알아 두면 성과주의에서 벗어나는 데 많은 도움이 될 거예요.

1. 성과에 집중하지 말고 '몰입'을 경험하라

성과에 집착하지 않기로 하면 '찬란한 미래'가 아닌 지나가는 과정에 집중하게 됩니다.

'몰입flow'이라는 개념을 설명하고 싶어요. '몰입'은 미국의 심리학자 미하이 칙센트미하이가 제시한 개념으로 자기 자신을 잊을 정도로 어떤 일에 완전히 빠지는 상태를 일컫습니다. 이런 상태에 있는 사람은 높은 만족감과 행복감을 누릴 수 있습니다.

혹시 당신도 그런 경험 있지 않나요? 재미있는 소설에 빠져서 주변에서 뭘 하는지, 심지어 밥 먹을 시간도 완전히 잊은 채 손에서 책을 놓지 못했던 경험이요. 고통스럽게 '찬란한 미래'를 좇는 것보다 행복하게 현재에 '몰입'하는 것이 당신의 삶을 더 풍요롭게 만들어 줄 거예요.

걱정할 거 없어요. 그렇다고 쾌락에 빠져서 노력하는 걸 망각하라는 게 아니니까요. '몰입'은 그렇게 쉽게 경험할 수 있는 게 아니거든요. 심리학 연구를 통해 밝혀진 것처럼 몰입을 경험하려면 그일이 너무 쉬워서도 안 되고 또 어려워서도 안 됩니다. 쉬우면 금방 지루함을 느끼고 어려우면 힘들어서 쉽게 포기하기 때문이에요. 당신이 뛰어넘기에 딱 알맞은 정도의 난이도를 지녀서 조금만 힘을 내서 도전하면 해결할 수 있는 정도의 일이어야 해요. 그런 일이야 말로 당신을 진정으로 '성장'시켜 주는 거죠.

그러니 걱정하지 마세요. 현재의 즐거움이 당신의 미래를 가로 막지 않을 거예요. 행복한 '몰입'과 '찬란한 미래'는 공존할 수 있습니다. 행복했던 모든 순간을 하나씩 연결하면 비로소 진정으로 아름답고 찬란한 미래가 될 거예요.

2. 결핍에서 눈을 돌려 이미 가진 것에 집중하라

의식적으로 당신이 이미 가진 것에 집중하도록 하세요. 찬란한 미래에 과도하게 집중하면 현실과 이상 사이에 존재하는 차이 때문에 쉽게 좌절합니다. 결핍이 도드라져 보이기 때문이에요. 하지만 우리는 능동적으로 행동할 수 있는 존재입니다. 즉, 당신이 이미 가진 것에 의식적으로 집중해야 해요. 비가 내리면 우산을 쓰면 되고 일이 뜻대로 되지 않으면 그걸 성장의 기회로 삼으면 돼요.

몇 가지 유용한 팁을 알려 줄게요. 첫 번째, 잠들기 전에 명상을 해 보세요. 침대에 누워 온갖 어지러운 생각으로 머리를 채우지 말고 불을 끄고 가만히 앉아 지나온 아름다운 하루를 조용히 돌아보는 겁니다. 숙면에 많은 도움이 될 거예요. 푹 자고 일어나면 기분도 좋아지고 에너지도 충전돼요. 그런 뒤에 갓 지은 쌀밥과 따뜻한

국으로 아침 식사를 해 보세요. 오전에 몇 가지 해야 할 일을 처리하고 나면 성취감이 더해질 거예요. 오후에는 잠깐 쉬어 갑시다. 식사 후에 오디오 북을 들어도 좋아요. 몇 번 하다 보면 습관이 될 거예요. 그리고 꿈꾸는 미래만큼 내가 살아가는 현재도 풍족하고 아름답다는 걸 발견하게 될 거예요. 미래와 현재는 모순되는 관계가 아닙니다. 이런 마음가짐으로 현재를 살아야만 아름다운 미래를 맞이할 수 있어요.

두 번째 방법은 '타임라인'을 그려 보는 겁니다. 당신이 그리는 아름다운 미래는 구체적으로 어떤 모습인지 조용한 공간을 찾아서 가만히 생각해 보세요. 창업에 성공하거나, 승진으로 연봉이 오르거나, 사람들에게 인정을 받는 등 그 어떤 것이라도 상관없어요. 그런 다음 그것을 이루기 위해 노력을 시작하는 시간을 기점으로 종점에 도달하는 시간을 머릿속에 순서대로 그려 보세요. 그리고 그 '타임라인'을 따라 천천히 걸어 보는 상상을 해 보세요. 조금만 앞으로 걸어가면 알 수 있을 거예요. 그 미래가 아득히 먼, 추상적인 미래가 아니라는 걸요. 앞에 놓인 블록 하나만 건너면 도달할 수 있다는 걸 말이에요. 그리고 고개를 돌려 돌아보면 생각보다 많이 걸어왔다는 사실에 깜짝 놀랄 거예요.

3. 일탈과 실수를 허용하라

세 번째 방법은 일탈입니다. 어른이 된 우리는 정확하고 올바른

일, 꼭 주어진 일만 해야 된다고 생각하는 것 같아요. 그렇지만 매일 반복하는 '올바른 일'들이 일상의 무료함을 만들어 내고 있어요. 가끔은 실수도 필요해요. 실수는 우리 인생에 경험이라는 귀중한 자산을 남깁니다. 실수를 피해 가는 것은 인생의 소중한 기회를 날려 버리는 것과 같습니다.

가끔은 편하게 앉아서 드라마도 보세요. 웹소설도 읽어 보고 친구와 시답잖은 수다도 떨어 보세요. 그래야 삶의 진정한 즐거움을 느낄 수 있어요. 아직 오지 않은 미래 때문에 끊임없이 자신을 몰아세우고 억압하면 앞으로 나갈 힘을 잃게 돼요.

성장 과정에서 실수를 허용해 보세요. 좌절도 해 봐야 그걸 계기로 예전에 경험해 보지 못한 새로운 경험을 하고 진정한 성장을 이룰 수 있어요. 성과에만 집착하다 보면 그 과정에 일어나는 어려움을 받아들이지 못해 쉽게 포기하게 됩니다. 조금 더 용기를 내 보세요. 모험을 해 봐도 괜찮아요. 경험처럼 중요한 건 없습니다.

인생의 과오를 허용하세요. 어떤 일이든 일어날 수 있다는 마인드를 가지는 거죠. 날마다 다른 매일을 살아야만 다채롭고 풍성한 인생의 아름다움에 압도되어 더욱 용감하게 인생을 '창조'할 수 있어요. 그저 성과를 이뤄 내기 위한 하나의 수단이나 도구가 되어 버린 인생은 분노에 가득 차 결국은 걸음을 멈추고 주저앉아 버립니다. 매일 똑같은 노력을 하는 사람은 앞으로 가는 것처럼 보이지만, 다른 각도에서 보면 그저 '정확한' 프로세스를 수행하는 기계와 같아요. 매일 똑같이 '정확한' 일을 반복하는 게 딱 하루를 사는 것과 무슨 차이가 있겠어요?

일탈과 실수를 허용하는 것은 자신에게 숨 쉴 기회를 허락하는 것과 같아요. 당신은 올바르고 정확한 일만 수행해야 하는 기계가 아니에요. 당신도 남들처럼 놀아 보고 실수도 해 보고 가슴도 아파 봐야 해요. 그렇게 사람답게 살아 봐야 진짜 아름다운 미래가 성큼 다가올 겁니다. 그러면 당신은 또 힘을 내서 달려갈 거예요.

성과주의 노력을 하는 당신

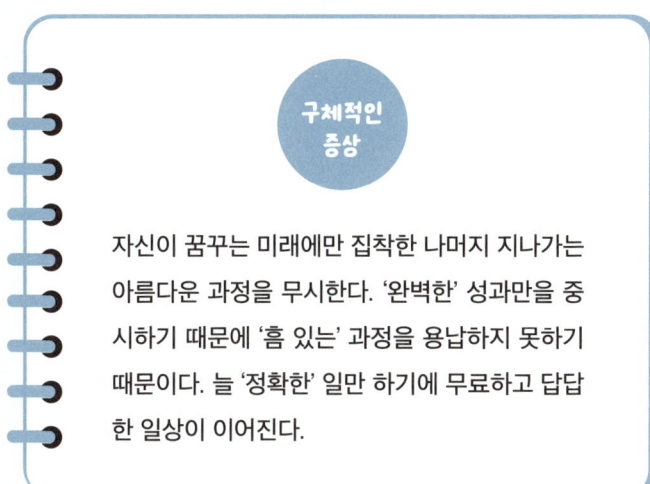

구체적인 증상

자신이 꿈꾸는 미래에만 집착한 나머지 지나가는 아름다운 과정을 무시한다. '완벽한' 성과만을 중시하기 때문에 '흠 있는' 과정을 용납하지 못하기 때문이다. 늘 '정확한' 일만 하기에 무료하고 답답한 일상이 이어진다.

솔루션   _ ☐ ✕

1. 성과에 집중하지 말고 '몰입'을 경험하라.
2. 결핍에서 눈을 돌려 이미 가진 것에 집중하라.
3. 일탈과 실수를 허용하라.

추천 도서

- 미하이 칙센트미하이, 『몰입의 즐거움』, 이희재, 해냄출판사, 2021
- 에스더 힉스·제리 힉스, 『유인력 끌어당김의 법칙』, 박행국, 나비랑 북스, 2013
- 한병철, 『피로사회』, 김태환, 문학과지성사, 2012

17

나는 계속 성장할 거야!

이 문제들을
모두 해결하고 말 거야!

이렇게 하면 모든 게
완벽하게 마무리되겠지?

왜 성장하면 할수록
문제가 더 많아지는 걸까?

대체 그 끝은 어디일까?

성장에는 끝이 없음을 인정하라.
겸손한 마음으로 세상을 경외하라.

우리는 평생에 걸쳐 성장해야 한다.

동화 같은 해피 엔딩을 꿈꾸는 당신에게

이 문제를 해결하면 또 다른 문제가 찾아오고,
대체 그 끝은 어디일까?

처음에는 저도 진짜 '성장'하고 싶었어요. 전에 다니던 직장이나 보수가 만족스럽지 않았거든요. 그래서 열심히 공부해 자격증도 따고 더 좋은 회사로 이직도 했습니다.

새로운 회사에 들어오고 보니 보수도 괜찮고 복지도 괜찮은데, 상사가 별로였어요. 욱하는 성격에 입이 거칠어서 직원들에게 험한 말을 일삼았죠. 저는 그가 조금만 소리를 크게 내도 극도로 긴장하고 심박수가 빨라졌어요. 호흡이 가빠지기도 했고요. 공황 장애 같았어요. 그래서 심리학을 공부하기 시작했어요. 상사와 잘 소통할 수 있는 방법을 찾고 싶었거든요. 공부하지 않았더라면 몰랐을 텐데 상사의 화법에도 분명 문제가 있긴 했지만, 그것보다 더 중요한 건 제 원가족에 있었어요.

아버지는 매우 엄격한 분이셨어요. 어릴 때는 조금만 당신 마음에 들지 않으면 크게 화를 내고 심지어 때리기도 하셨죠. 남성의 권위에 대한 공포가 마음 깊은 곳에 그대로 남아 있었던 거예요. 그래서 저는 특히 남자 상사 앞에서 말을 심하게 더듬었어요. 말을 제대로 하지 못하니 상사는 더 화를 냈죠.

그래서 '원가족 치유' '결핍 심리학'과 같은 수업을 많이 들었어요. 마침내 원가족의 영향에서 어느 정도 벗어날 수 있었고 회사에서 능력도 발휘해 진급도 하게 되었어요.

그런데 새로운 직급에 오르고 나니 그냥 업무만 하는 것과 팀을 이끄는 건 완전히 다른 일이라는 걸 알게 됐어요. 사람을 관리하는 일이 그토록 머리 아픈 일이라는 걸 처음 알았습니다. 그래서 MBA 과정을 신청했어요. 어쩔 수 없이 눈앞에 닥친 문제를 해결하기 위해 새로운 '성장'에 도전하게 된 것이죠.

몇 년간의 노력 끝에 또 한 번의 진급을 앞두게 되었어요. 그런데 생각지도 못하게 공황 장애와 우울증이 재발했어요. 마음이 혼란하고 두렵고 불안했어요. 사는 게 아무런 의미가 없다는 생각까지 하게 되었죠. 이상했어요. 남들 보기에 승승장구하는 인생을 살고 있는데 왜 갑자기 우울증이 도진 건지 이해되지 않았어요. 자꾸만 정서가 다운되고 피로감이 몰려왔어요. 화가 났죠. 이 문제를 해결하면 또 다른 문제가 생겨나고, 대체 행복이라는 건 언제쯤 찾아오는 건지. 어째서 문제는 줄어들지 않고 늘어만 가는 건지. 갈수록 이렇게 힘들어도 되는 건지 억장이 무너지는 심정이었어요.

오랜 상담 끝에 우울증의 근원을 찾을 수 있었어요. 심리학에서는 제 증상을 '성공 우울증'이라고 하더라고요. 다른 말로 '요나 콤플렉스'라고 했어요. 실패에 대한 공포감 탓에 스스로 성장이나 성공을 포기하는 현상을 말한대요. 보통 스스로 생각하기에 과도한 성공을 이루고 자신의 '아버지'를 뛰어넘은 뒤에 발생하는 정서적 장애라고 하더군요.

그 모든 게 진짜 '성장' 과정에서 비롯한 거라니. 억울하면서 슬프기도 하고…. 제 자신이 너무 가엾고 처량해서 한참을 울었습니다.

그 후로 왕자와 공주는 행복하게 살았을까, 불행하게 살았을까

대다수 사람은 일상에서 수많은 어려움을 맞닥뜨립니다. 그런데 인지 수준이 낮거나 마음이 성숙하지 못하면 그 문제를 잘 해결하지 못해요. 이것은 잘못된 '성장'에 대한 신념과도 관련 있습니다. '내가 성장하기만 하면 모든 문제는 사라지고 행복이 찾아올 거야.'라는 잘못된 신념이요.

이런 신념을 지녔다면 '성장'이라는 것에 실망할 수밖에 없어요. 삶이 일부러 우리에게 장난을 치는 것 같거든요. 이제 막 문제 하나를 해결했는데 곧이어 새로운 문제가 따라오잖아요. 내가 아무리 성장해도 '완벽한 결론'은 영원히 나지 않아요. 게다가 오히려 성장하지 않았으면 괜찮았을 텐데 성장하려고 하니 문제가 점점 더 많아지고 난도는 더 높아지는 것 같은 느낌입니다.

'나의 성장 과정은 매우 순탄할 것이며 그 끝에는 완벽하고 아름다운 결말이 있을 것'이라는 생각은 오산입니다. 마치 해피 엔딩의 동화를 꿈꾸는 것과 같아요. 성장한 뒤에는 '그 후로 왕자와 공주는 행복하게 살았답니다.'라고 생각하는 것도 잘못됐어요. 성장의 끝이 '새드 엔딩'일지 '해피 엔딩'일지는 모르는 일이거든요.

왜 그럴까요? 아기의 성장 과정을 생각해 보면 어렵지 않게 이해할 수 있어요. 이제 막 걸음마를 배운 아기는 아무 걱정이 없을까요? 이제 조금 더 빨리 걷고 뛰는 법만 배우면 될까요? 아니에요. 자꾸 넘어져서 머리를 다치는 일이 일어나요. 걸음마를 안 배웠을 때는 그럴 일이 없었어요. 그런데 걷기 시작하니까 넘어져도 크게 다쳐요. 열심히 연습해서 넘어지지 않는 법을 어렵게 터득했더니 이제 또 다른 일상의 문제가 생겨나기 시작했어요. 예전에는 필요한 게 있으면 크게 울기만 하면 끝이었어요. 부모님이 달려와 다 해결해 주었거든요. 하지만 지금은 스스로 걸을 수 있게 되었으니 배고프면 알아서 먹을 걸 가져오고 필요한 물건은 찾아서 가져와야 해요. 그게 아이 자신의 책임이 된 거죠. 인간은 평생토록 성장해야 해요. 그 성장은 끝이 없어요. 게다가 단계를 뛰어넘을 때마다 더 독한 놈과 맞서 싸워야 해요.

인류가 느끼는 가장 큰 두려움은 죽음에 대한 두려움입니다. 이 두려움을 없애기 위해 우리는 열심히 노력해서 힘을 키우려고 하죠. 거기서 가치감과 안전감을 확보하려 합니다. 이것들을 손에 쥐는 방법은 두 가지예요. 하나는 열심히 성장해서 스스로 힘 있는 사람이 되는 겁니다. 또 다른 방법은 약자가 되어 강자의 권위에 편승하는 것이죠. 어린아이가 부모에게 의존하여 그 품 안에서 보호와 지도를 받고 이로써 안전감과 힘, 가치를 확보하는 것과 같습니다.

그런데 눈치챘을지 모르지만, 이 두 가지 방식은 서로 모순됩니다. 지속적인 성장으로 자신의 힘을 키우면 나를 '덮고 있던' 권위를 하나씩 벗어던질 수 있습니다. 그러면서 조금씩 깨닫는 거죠. 아버지가 더는 내 인생을 대신해서 어떤 결정도 내려 줄 수 없고, 선생님도 내 인생을 지도해 줄 수 없다는 걸요. 왜냐하면 당신이 이미 그들을 뛰어넘었기 때문이죠.

새로운 문제들이 산적했는데 고개를 돌려보니 더는 의지할 대상이 없다는 걸 깨달았을 때 밀려오는 막연함과 불안함, 황망함은 확실히 기분 좋은 느낌은 아닙니다. 그러나 그것이 바로 성장의 대가입니다.

마인드 바꾸기

성장이라는 게 동화처럼 아름다운 결말이 아니라면 우리는 성장을 포기해야 할까요? 이에 대한 저의 대답은 확고합니다. "아니요!" 물론 성장은 많은 문제를 동반해요. 하지만 그렇다고 해서 포기할 수는 없습니다. 이유는 간단해요.

첫째, 세상은 변해요. 당신이 성장하지 않는다고 해서 모든 것이 현상 그대로를 유지할 거란 보장은 없어요. 새로운 문제는 언젠가 나타나기 마련입니다. 이럴 때 우리가 할 수 있는 일은 하나예요. 새로운 문제를 직시하고 그걸 해결하는 거죠. 물론 그 과정에서 우리는 엄청난 아픔과 고통을 겪을 거예요.

둘째, 성장을 통해 예전과는 다른 마인드로 문제를 대할 수 있어요. 저는 그 자체만으로도 큰 의미가 있다고 생각해요. 예를 들어 과거에 당신은 '나쁜 정서'가 등장하는 게 극도로 두려웠어요. 우울증이나 공황 장애가 나타나면 어쩔 줄 몰라 안절부절이었죠. 하지만 끊임없는 성장을 통해 지금은 그 상태와 증상을 인정하고 받아들일 줄 알게 되었어요. 왜냐하면 그 증상이 나타날 때마다 새로운 깨달음을 얻어 자신을 더 이해할 수 있게 되었거든요. 비록 지금 완전히 해결된 게 아니지만, 언젠가는 '나쁜 정서'가 나타나더라도 당황하지 않고 하던 일을 지속하거나 나에 대한 새로운 깨달음을 조금 더 쉽게 얻을 수 있을 거라 믿어요.

그래서 우리는 성장을 멈춰선 안 돼요. 그러려면 성장에 관한 마인드를 바꾸는 게 중요해요.

1. 성장은 평생에 걸쳐서 하는 것이다

성장의 마지막은 동화처럼 아름다운 해피 엔딩이라는 생각을 버리세요. 성장은 평생에 걸쳐서 해야 하는 거예요. 이 객관적인 사실을 받아들이세요. 그래야 삶에 끊임없이 등장하는 새로운 문제로 인해 성장을 포기하는 일이 일어나지 않아요.

2. 자신의 미약함을 인정하고 세상에 경외심을 갖도록 하라

세상 만물에 경외심을 품어 보세요. 성장할 때마다 당신이 의존하던 집단이나 대상으로부터 떨어져 나온다는 생각을 하지 않아도 돼요. 어떻게 보면 그것은 매우 위험한 생각이에요. 당신이 성장할 때마다 더 힘 있는, 위대한 존재가 되어 마치 '조물주'처럼 세상을 좌지우지할 수 있다는 착각에 빠질 수 있거든요.

의존하던 대상을 잃을까 봐 성장을 거부하는 건 말이 안 돼요. 그들에 대한 경외심을 갖는다면 이 문제는 아주 쉽게 해결할 수 있어요.

보통 아버지가 농민이었는데 내가 회사의 대표가 되면 아버지를 뛰어넘었다고 생각해요. 그래서 심리적으로 의존할 대상이 사라졌다고 생각하죠. 하지만 사실 그렇지 않아요. 아버지에 대한 경외심은 그렇게 세속적인 신분 따위로 변하거나 사라져서는 안 돼요. 아버지가 나라는 사람을 세상에 탄생시켰다는 사실 하나만으로도 경외심을 가질 만해요.

우리는 인류가 자연을 뛰어넘었다고 생각하죠. 높은 빌딩을 짓고 우주를 여행하게 되어서 이제 사람은 자연의 일부분으로 존재하지 않는다고 착각해요. 그렇지 않아요. 자연은 여전히 신비롭고 세상에는 인간의 힘으로 제어할 수 없는 부분이 존재해요.

우리가 성장을 두려워하는 이유는 나를 보호하는 '권위'가 사라지기 때문이라고 생각해요. 하지만 그건 자기 자신을 너무 위대한 존재로 착각한 결과예요. 세상에는 우리가 경외할 만한 것이 수없이 많아요.

자신의 미약함을 인정하세요. 그래야만 나의 성장을 끊임없이 독려하고 응원할 수 있어요. 우리가 아무리 성장을 거듭하더라도 우리를 여전히 사랑하고 보호해 주는 누군가가 있음을 기억하세요. 그게 부모님이 될 수도 있고 자연이 될 수도 있고 조물주가 될 수도 있어요. 그 존재에 대한 경외심을 품으면 겸손한 마음으로 평생 배우며 성장할 수 있을 거예요.

동화 같은 해피 엔딩을 꿈꾸는 당신

구체적인 증상

내가 성장하기만 하면 모든 문제가 사라지고 행복해질 거라고 믿는다. 하지만 삶은 장난이라도 치듯 우리에게 계속 새로운 문제를 안고 찾아온다. 성장하면 할수록 해결해야 할 문제는 더 많아지고 난도는 높아진다. 왕자와 공주의 해피 엔딩을 꿈꾸지만 그 끝을 알 수 없어 좌절한다.

솔루션 _ □ ×

1. 성장은 평생에 걸쳐서 하는 것이란 믿음을 가져라.
2. 자신의 미약함을 인정하고 세상 만물에 경외심을 갖도록 하라.

추천 도서

- 어빈 얄롬, 『실존주의 심리치료』, 임경수, 학지사, 2007
- 어니스트 베커, 『죽음의 부정』, 노승영, 복복서가, 2025

헛수고의 심리학

펴낸날 2025년 11월 10일 1판 1쇄

지은이 화양
옮긴이 하은지
펴낸이 金永先
편집 나지원
디자인 urbook

펴낸곳 파인북
주소 경기도 고양시 덕양구 청초로 10 GL 메트로시티한강 A1-2002호
전화 (02) 323-7234
팩스 (02) 323-0253
출판등록번호 제 2-2767호

ISBN 979-11-986325-8-6 (03180)

파인북과 함께 새로운 문화를 선도할 참신한 원고를 기다립니다.
이메일 dhhard@naver.com (원고 투고)